LORSQU'IL
SE PASSE
DANS LA RUE
DES CHOSES
EXTRAORD
RÉVOLUTIO

folio LE FORUM

Maurice Blanchot
MAI 68, RÉVOLUTION PAR L'IDÉE

Édition de Jean-François Hamel et Éric Hoppenot

Gallimard

© *Éditions Gallimard*, 2018.

De son vivant, la réédition des ouvrages de Maurice Blanchot s'accompagnait d'une notice biographique entretenant le mythe de l'écrivain replié dans sa tour d'ivoire : « Maurice Blanchot, romancier et critique, est né en 1907. Sa vie est entièrement vouée à la littérature et au silence qui lui est propre. » Blanchot fut pourtant un témoin privilégié de son siècle et un intellectuel engagé dans les luttes de son temps. Après avoir été éditorialiste et chroniqueur dans des journaux de l'extrême droite des années 1930, il soumet à Jean Paulhan son premier roman, *Thomas l'obscur* (1941), qui paraît au début de la Seconde Guerre mondiale, bientôt suivi d'un deuxième, *Aminadab* (1942), et d'un recueil de critiques littéraires, *Faux Pas* (1943). À la Libération, il intervient dans la querelle de la littérature engagée, opposant à la doctrine sartrienne des *Temps modernes* la contestation sans réserve portée par les œuvres de Sade, Lautréamont, Mallarmé ou Kafka. Sa pensée de la littérature se déploie alors dans de grands essais qui sont devenus des classiques, notamment : *La Part du feu* (1949), *L'Espace littéraire* (1955), *Le Livre à venir* (1959), *L'Entretien infini* (1969). Il poursuit en parallèle une œuvre narrative exigeante, avec *L'Arrêt de mort* (1948), *Au moment voulu* (1951), *Celui qui ne m'accompagnait pas* (1953), *Le Dernier Homme* (1957), *L'Attente l'oubli* (1962). En 1958, s'indignant du retour du général de Gaulle et de l'instauration de la Ve République à la faveur de ce qu'il nomme un coup d'État, il prend position à l'extrême gauche de l'échiquier politique. En 1960, il participe à la rédaction de la « Déclaration sur le droit à l'insoumission dans la guerre d'Algérie », qui connaît un fort retentissement malgré la censure. Entre 1960 et 1964, il œuvre activement au projet d'une revue littéraire internationale, qui ne verra jamais le jour. En mai et juin 1968, il défend avec force la « puissance de refus » des étudiants insurgés et des travailleurs en grève au nom de « l'exigence communiste ». Paraissent ensuite des essais à l'écriture fragmentaire, *Le Pas au-delà* (1973) et *L'Écriture du désastre* (1980), qui s'ouvrent plus que jamais à la philosophie. *La Communauté inavouable* (1983), « Les intellectuels en question » (*Le Débat*, 1984) et « Pour l'amitié » (1993) feront retour sur la vie politique de son siècle, tout comme son ultime récit, *L'Instant de ma mort* (1994), à forte composante autobiographique. Il meurt en 2003, à l'âge de quatre-vingt-seize ans.

Préface

UN COMMUNISME D'ÉCRITURE

Le 18 mai 1968, quand se constitue le Comité d'action étudiants-écrivains, dont Maurice Blanchot est l'un des membres fondateurs, la crise sociale qui ébranle la France est toujours dans sa phase ascendante. Deux semaines plus tôt, le 3 mai, l'évacuation d'un meeting étudiant à la Sorbonne met le feu aux poudres : des affrontements entre étudiants et policiers dégénèrent en émeutes dans le Quartier latin, provoquant une série de manifestations à travers Paris, qui culminent le 10 mai avec la première nuit des barricades. Ce jour-là paraît dans *Le Monde* une pétition rédigée par Blanchot et signée par une trentaine d'intellectuels et écrivains : « Il est d'une importance capitale, peut-être décisive, que le mouvement des étudiants, sans faire de promesses et au contraire en repoussant toute affirmation prématurée, oppose et maintienne une puissance de refus capable, croyons-nous, d'ouvrir un avenir. » (« Déclaration de solidarité avec le mouvement des étudiants. ») Devant l'ampleur de la répression policière, inédite depuis les massacres de la guerre d'Algérie, les organisations syndicales se joignent aux étudiants et lancent un ordre de grève pour le 13 mai, qui coïncide avec le dixième anniversaire du coup d'État d'Alger. Le soir même, au terme d'une manifestation qui rassemble près d'un million d'étudiants et de travailleurs, la Sorbonne est prise ; le lendemain, l'occupation de l'usine Sud-Aviation de Nantes inaugure une vague d'insubordination ouvrière qui débouchera bientôt sur la plus grande grève générale qu'ait connue la France. Né de l'agitation étudiante, le mouvement s'étend désormais à tous les secteurs d'activité et à toutes les régions du pays. Au plus fort de la crise, près de huit millions de travailleurs sont en grève, réclamant non seulement de meilleures conditions de vie, mais une radicale transformation du quotidien.

C'est dans ce contexte d'effervescence politique et de libération de la parole, sous les drapeaux rouges et noirs de la Sorbonne occupée, qu'est créé le Comité d'action étudiants-écrivains. Sa réunion inaugurale, le 20 mai, à l'annexe Censier, le soir même où Jean-Paul Sartre est invité à s'adresser à des centaines d'étudiants dans le grand amphithéâtre de la Sorbonne, rassemble une soixantaine de participants, majoritairement des écrivains, des intellectuels, des journalistes et des étudiants. Sa première décision, adoptée à l'unanimité, est un appel au boycott de l'ORTF adressé aux écrivains et aux intellectuels : « Il faut cesser d'être complice, ne plus servir de caution aux mensonges officiels[1]. »

Dès le lendemain, le 21 mai, une délégation d'écrivains quitte le Comité pour prendre d'assaut la Société des gens de lettres à l'hôtel de Massa et y fonder l'Union des écrivains. Le Comité se replie alors sur une vingtaine de militants, dont Robert Antelme, Marguerite Duras et Dionys Mascolo, les amis de la rue Saint-Benoît auxquels Blanchot restera longtemps fidèle. Participent aussi au Comité les sociologues Jean Duvignaud et Georges Lapassade, présents dès les premières heures de l'occupation de la Sorbonne, le militant anarchiste Daniel Guérin, les romanciers Jacques Bellefroid et Christiane Rochefort, ainsi que plusieurs jeunes surréalistes autour de Jean Schuster et de la revue *L'Archibras*. Louis-René des Forêts, Michel Leiris et Monique Wittig s'y joignent parfois. Quelques minutes du film *Grands soirs et petits matins* de William Klein montrent le Comité en réunion à l'annexe Censier : sous la présidence de Mascolo, les militants discutent de la tournure des événements et de la stratégie du mouvement, passent en revue divers slogans en soutien aux insurgés, dont « Soyez réalistes, demandez l'impossible[2] ». Les tracts et communiqués qu'ils rédigent

---

1. L'essentiel des tracts et communiqués du Comité d'action étudiants-écrivains ont été réunis dans *Lignes*, n° 33, mars 1998, p. 111-128 ; d'autres documents ont été repris dans *Études françaises*, vol. 54, n° 1, 2018, p. 155-183.
2. D'après Michel Leiris, ce slogan désormais célèbre a été créé lors d'une réunion du Comité : *Frêle Bruit* [1976], dans *La Règle du jeu*,

à plusieurs mains protestent contre l'interdiction de séjour de Daniel Cohn-Bendit, répliquent au ministre de l'Intérieur qui accuse la « pègre » d'avoir infiltré les étudiants lors de la deuxième nuit des barricades, défendent la poursuite de la grève générale, s'élèvent contre le PCF et prennent parti pour « l'esprit d'anarchie, l'impatience et l'utopie » qui caractérisent le soulèvement. Jusqu'à la fin de juin, et encore pendant l'été, Blanchot et ses camarades interviennent dans des assemblées, portent secours aux grévistes, organisent des manifestations, distribuent des tracts et placardent des affiches. Dans toutes ces tâches, Blanchot s'investit sans compter. La déclaration publiée dans *Le Monde* du 18 juin, qui rassemble cent quatre-vingts signataires, expose sans équivoque les raisons et la teneur de son engagement : « Tout doit être fait pour préserver le sens de ce soulèvement, l'originalité de l'action qui s'y désigne, la liberté nouvelle qu'il a d'ores et déjà conquise pour tous. » (« Les organisations dissoutes. »)

Une fois le soulèvement retombé, après l'évacuation des lieux emblématiques de la contestation (l'usine Renault-Flins, le Théâtre de l'Odéon, la Sorbonne, l'École des Beaux-Arts), malgré la victoire écrasante des gaullistes aux élections législatives de la fin juin, le Comité refuse encore

---

éd. Denis Hollier, Paris, Gallimard, coll. « Bibliothèque de la Pléiade », 2003, p. 898.

et toujours de céder. Dans un témoignage précieux, Marguerite Duras célèbre l'intransigeance insurrectionnelle de ce collectif d'agitation et de propagande : « Rien, je crois, ne nous lie, que le refus. Dévoyés de la société de classe, mais en vie, inclassables mais incassables, nous refusons. Nous poussons le refus jusqu'à refuser de nous intégrer aux formations politiques qui affirment refuser ce que nous refusons[1]. » Le Comité décide alors de publier un bulletin militant, dont la direction sera assumée par Jacques Bellefroid et la distribution assurée par le journal *Action*, qui avait été créé par les organisations étudiantes au tout début de la crise. À la suite de nombreuses réunions de travail, où les textes sont discutés avec le plus grand sérieux, le premier numéro de *Comité* paraît dans les derniers jours d'octobre 1968. Vendu deux francs, le bulletin compte trente-deux pages et contient une quarantaine de textes anonymes, dont près de la moitié peuvent être attribués à Blanchot, et une quinzaine de citations empruntées à Karl Marx, Rosa Luxemburg, Mao Tsé-toung ou Che Guevara. Cette aventure éditoriale se place d'emblée sous le signe d'un « communisme d'écriture » : il s'agit, par l'anonymat des textes et l'écriture fragmentaire, de répercuter la puissance de refus des insurgés et de la traduire en une « parole collective ou plurielle » (« Les caractères possibles de

---

1. Marguerite Duras, « Naissance d'un Comité », *Les Lettres nouvelles*, juin-juillet 1969, p. 147-148.

la publication »). Blanchot y exprime sa fascination pour les « mots de désordre » et les « paroles de rues » disséminés dans les tracts, les affiches et les bulletins, qui « s'écrivent sous la menace, portent eux-mêmes le danger, puis passent avec le passant qui les transmet, les perd ou les oublie » (« Tracts, affiches, bulletin »). Ces écritures sauvages, hors du livre, par nature éphémères et circonstancielles, ont pour première fonction de critiquer l'ordre établi et de favoriser une insoumission radicale. Mais elles sont aussi l'occasion d'expérimenter, ici et maintenant, une communauté émancipée du culte de l'individu, dégagée de ses particularismes, comme le suggère la citation de Hölderlin, sans doute traduite par Blanchot, reproduite en clôture du bulletin : « La vie de l'esprit entre amis, la pensée qui se forme dans l'échange de parole et par écrit et de vive voix, sont nécessaires à ceux qui cherchent. Hors cela, nous sommes pour nous-mêmes sans pensée. Penser appartient à la figure sacrée qu'ensemble nous figurons. » Le communisme d'écriture au nom duquel Blanchot noue la littérature et la politique est tout autant un art poétique qu'une forme de vie.

À l'exception de la déclaration de solidarité du 10 mai, les écrits politiques que nous rassemblons ici ont tous été conçus par Blanchot au sein du Comité d'action étudiants-écrivains, qu'il quittera en février 1969, en même temps que ses amis de la rue Saint-Benoît, en raison de dissensions avec ses camarades, avant que ne soit établi le sommaire du deuxième bulletin. Cinquante ans après les événements, ces écrits n'ont rien perdu de leur « puissance de refus ». Blanchot s'attaque sans relâche aux dispositifs de répression de l'État policier, qu'il juge dignes d'un régime de dictature, accusant de Gaulle de ne savoir gouverner « sans le spectre de la guerre civile ». Fidèle à une exigence internationaliste, il dénonce auprès des camarades étrangers les perquisitions sans contrôle et les arrestations arbitraires, de même que l'interdiction des groupes révolutionnaires et la censure des publications de critique radicale par un pouvoir xénophobe. Inlassablement, il appelle ses concitoyens à résister à la « mort politique » à laquelle voudrait les contraindre le régime gaulliste. Il les exhorte à porter secours aux manifestants, à descendre avec eux dans la rue, à défendre la voie publique comme lieu de la liberté politique, à répondre à la brutalité policière par le recours à la force physique. Par son refus véhément du monopole étatique de la violence légitime, son interprétation des événements possède une évidente dimension anarchiste. Le soulèvement de Mai a ouvert une brèche dans le pouvoir d'État, qui doit maintenant être renversé, non dans le but de le restaurer, mais pour s'affranchir de toute organisation autoritaire de la vie commune. Cette radicalité libertaire l'amène d'ailleurs à se déclarer « en état de guerre » avec l'appareil d'État et son ordre juridique. Cette haine de l'État implique en outre un refus des assignations sociales et une révocation des identités individuelles, qui sont assimilées à des instruments de contrôle et de surveillance. Justement, la puissance émancipatrice de Mai vient de ce que, « dans cette action dite étudiante, jamais les étudiants n'ont agi comme étudiants, mais comme révélateurs d'une crise d'ensemble, comme porteurs d'un pouvoir de rupture mettant en cause le régime, l'État, la société » (« Mai, révolution par l'idée »). C'est une force de contestation analogue que Blanchot prête à la « parole communiste » dès lors qu'elle « prend en charge toutes les forces et formes de dissolution, de transformation » (« Lire Marx »). Au printemps 1968, dans les rues de Paris, une révolution de la révolution a donc eu lieu, juge Blanchot, qui nous invite à vivre et à penser les luttes politiques hors de tout horizon d'une prise de pouvoir, en accord avec l'injonction marxienne de « la révolution en permanence ».

Qui ne connaîtrait de Blanchot que les polémiques suscitées dans le monde intellectuel par ses chroniques des années 1930 sera surpris de découvrir ici un tout autre écrivain, à l'esprit libertaire et à la rigueur internationaliste. De même, qui n'aurait lu que *L'Espace littéraire* s'étonnera du singulier romantisme révolutionnaire qui traverse ces écrits politiques, qui paraissent a priori fort éloignés des réflexions existentielles sur l'intrication de l'œuvre littéraire et de l'expérience de la mort. Mais ce serait oublier la longue et sinueuse conversion politique, amorcée après la défaite de 1940 et poursuivie pendant l'après-guerre, qui amène Blanchot, en pleine guerre d'Algérie, à s'opposer aux institutions de la Ve République. En octobre 1958, avec « Le refus », paru dans *Le 14 Juillet*, journal fondé par Mascolo et Schuster, s'ouvre pour Blanchot une décennie de positionnements à l'extrême gauche : « À certain moment, face aux événements publics, nous savons que nous devons refuser[1]. » En 1960, avec la « Déclaration sur le droit à l'insoumission dans la guerre d'Algérie », rédigée avec Mascolo et Schuster, rendue publique à l'ouverture du procès des militants anticolonialistes et des porteurs de valises du réseau Jeanson, Blanchot fait sienne une tradition méconnue où la désobéissance civile croise le droit révolutionnaire de résistance à l'oppression. Au début des années 1960, en compagnie de Mascolo et de Des Forêts, il conçoit une « Revue internationale », à la fois littéraire et politique, destinée à renouveler la critique de l'idéologie : « Nous sommes adossés au marxisme, appuyés contre lui, fût-ce pour le contester[2]. » Un marxisme hétérodoxe affleure jusque dans les chroniques qu'il donne à *La Nouvelle Revue française*, où il discute de la *Critique de la vie quotidienne* du marxiste Henri Lefebvre, de l'entrée de l'œuvre de Marx dans la « Bibliothèque de la Pléiade » ou encore de

---

1. « Le refus », *Le 14 Juillet*, n° 2, 25 octobre 1958 ; repris dans *L'Amitié*, Paris, Gallimard, 1971, p. 130.
2. « Textes préparatoires », *Lignes*, n° 11, 1990, p. 182.

la réédition de *Littérature et révolution* de Trotski. En 1965, la préface qu'il donne au pamphlet de Sade, *Français, encore un effort*, théorise un droit à l'insurrection, qui s'élève contre toute usurpation de la souveraineté populaire par les lois constitutionnelles de l'État. Ses convictions révolutionnaires sont à ce point connues qu'il est invité au Congrès culturel de La Havane en janvier 1968, sans doute à l'initiative de Michel Leiris, l'un des responsables de la délégation française. Déclinant l'invitation pour des raisons de santé, Blanchot se déclare néanmoins solidaire de « l'exigence communiste » qui a retrouvé sur l'île des Antilles « sa puissance d'avenir » : « Je suis parmi ceux pour qui Cuba représente l'espérance, non seulement dans cette partie du monde où la liberté est visiblement et d'une manière sanglante asservie, mais pour les sociétés apparemment plus tranquilles auxquelles nous appartenons[1]. »

Dans les mois qui suivent la scission du Comité d'action étudiants-écrivains, à la lumière du conflit israélo-palestinien, Blanchot sera amené à rompre définitivement avec les milieux gauchistes. Comme il l'écrit dès 1969 à son ami Emmanuel Levinas, l'appui à la Palestine de « ces jeunes gens qui agissent dans la violence, mais aussi la générosité », lui apparaît comme une « irréflexion ». En dépit d'une absence

---

1. Lettre à Baudillo Castellanos Garcia, 24 novembre 1967, fonds Blanchot de l'Université Harvard.

d'antisémitisme, peut-être en raison de cette absence, leur échappe « le sens d'Israël[1] ». Malgré ce différend avec nombre de militants des années rouges, Blanchot gardera toujours de la séquence de Mai un souvenir étrangement apaisé, parfois même idyllique. Ainsi, en 1983, dans *La Communauté inavouable*, en ouverture d'un commentaire de *La Maladie de la mort* de Duras, il reviendra sur ces semaines insurrectionnelles pour souligner l'allégresse d'une multitude affranchie du pouvoir, qui « permettait à chacun, sans distinction de classe, d'âge, de sexe, de culture, de frayer avec le premier venu » et qui manifestait, en deçà de tout projet concerté, « une possibilité d'*être ensemble* qui rendait à tous le droit à l'égalité dans la fraternité par *la liberté de parole* qui soulevait chacun[2] ». En 1984, dans *Le Débat*, il décrira dans le même esprit la révolte de Mai comme ce moment unique où les intellectuels se sont engagés sans prétention singulière à la vérité ou à la justice, expérimentant ainsi une impersonnalité qui les confondait avec les foules : « La force du mouvement antiautoritaire rendait presque facile l'oubli des particularités et ne permettait de distinguer ni jeunes, ni vieux, ni les inconnus, ni les trop connus, comme si, malgré les différences et les controverses incessantes, chacun se reconnaissait dans les paroles

---

1. Lettre citée, sans mention de son auteur, dans Emmanuel Levinas, « Judaïsme et révolution », *Du sacré au saint. Cinq nouvelles lectures talmudiques*, Paris, Minuit, 1977, p. 48-49.
2. *La Communauté inavouable*, Paris, Minuit, 1983, p. 52.

anonymes qui s'inscrivaient sur les murs[1]. » En 1986, une longue parenthèse en introduction à *Michel Foucault tel que je l'imagine* placera de nouveau le printemps sous le signe d'une camaraderie sans exclusive : « Quoi qu'en disent les détracteurs de Mai, ce fut un beau moment, lorsque chacun pouvait parler à l'autre, anonyme, impersonnel, homme parmi les hommes, accueilli sans autre justification que d'être un homme[2]. » Enfin, en 1993, dans « Pour l'amitié », Blanchot évoquera quelques épisodes partagés avec ses camarades de la rue Saint-Benoît, Antelme, Duras et Mascolo, qui toujours l'accompagnèrent : « Traînée de feu, effervescence où nous fûmes emportés et où nous ne cessâmes d'être ensemble, mais d'une manière nouvelle[3]. » Si l'on en croit ces témoignages tardifs, presque nostalgiques, le soulèvement de Mai, dans sa fulgurance, aura démontré à Blanchot que l'exigence communiste, au-delà de toute revendication, n'est rien sans l'expérience vive d'une politique de l'amitié.

J.-F. Hamel et É. Hoppenot

---

1. « Les intellectuels en question », *Le Débat,* n° 29, mars 1984, p. 27.
2. , *Michel Foucault tel que je l'imagine,* Montpellier, Fata Morgana, 1986, p. 9-10.
3. « Pour l'amitié », dans *À la recherche d'un communisme de pensée. Entêtements,* Dionys Mascolo, Paris, Fourbis, 1993, p. 14.

DÉCLARATION DE SOLIDARITÉ AVEC LE MOUVEMENT DES ÉTUDIANTS

La solidarité que nous affirmons ici avec le mouvement des étudiants dans le monde – ce mouvement qui vient brusquement, en des heures éclatantes, d'ébranler la société dite de bien-être parfaitement incarnée dans le monde français – est d'abord une réponse aux mensonges par lesquels toutes les institutions et les formations politiques (à peu d'exceptions près), tous les organes de presse et de communication (presque sans exception) cherchent depuis des mois à altérer ce mouvement, à en pervertir le sens ou même à tenter de le rendre dérisoire.

Il est scandaleux de ne pas reconnaître dans ce mouvement ce qui s'y cherche et ce qui y est en jeu : la volonté d'échapper, par tous les moyens, à un ordre aliéné, mais si fortement structuré et intégré que la simple contestation risque toujours d'être mise à son service. Et il est scandaleux de ne pas comprendre que la violence que l'on reproche à certaines formes de ce mouvement est la réplique à la violence immense à l'abri de laquelle se préservent la plupart des sociétés contemporaines et dont la sauvagerie policière n'est que la divulgation.

C'est ce scandale que nous tenons à dénoncer sans plus tarder, et nous tenons à affirmer en même temps que, face au système établi, il est d'une importance capitale, peut-être décisive, que le mouvement des étudiants, sans faire de promesses et au contraire en repoussant toute affirmation prématurée, oppose et maintienne une puissance de refus capable, croyons-nous, d'ouvrir un avenir.

Ce texte est signé de Mmes et MM. Robert Antelme, Maurice Blanchot, Maurice Nadeau, Louis-René des Forêts, Marguerite Duras, Jean Schuster, Michel Leiris, Claude Roy, Dionys Mascolo, Jean-Marc Lambert, Jérôme Peignot, Vincent Bounoure, Pierre Klossowski, Nathalie Sarraute, Monique Wittig, Georges Michel, Jean-Louis Bédouin, Guy Cabanel, Adrien Dax, Jean Ricardou, André Gorz, Jean-Paul Sartre, Jacques Lacan, Roger Blin, André Pieyre de Mandiargues, Marthe Robert, Michel de M'Uzan, Monique Lange, Guy Dumur, François Châtelet, Max-Pol Fouchet, Henri Lefebvre, François Erval, Geneviève Serreau, Pierre Bernard.

Un gouvernement ne gouverne qu'avec la confiance publique.

Un gouvernement ne gouverne, sans la confiance publique, que par la force.

Il est clair que la confiance publique a été trahie dans les négociations du Châtelet.

Il est clair que le gouvernement ne peut plus gouverner sans le spectre de la guerre civile.

Il est clair que le gouvernement n'étant plus un interlocuteur, mais rien d'autre que le détenteur des forces de répression, **doit se démettre**.

COMITÉ D'ACTION ÉTUDIANTS-ÉCRIVAINS
CENTRE CENSIER
13, Rue de Santeuil, PARIS-5, salle 343

LES ORGANISATIONS DISSOUTES
180 ÉCRIVAINS ET ARTISTES SE TIENNENT POUR RESPONSABLES DES ACTIONS INCRIMINÉES

Par le pouvoir de refus qu'il détient et par un mouvement incessant de lutte en rapport d'étroite solidarité avec l'ensemble des travailleurs, le soulèvement des étudiants a frappé d'une façon décisive le système d'exploitation et d'oppression qui régit le pays. Par ce même mouvement, il a contribué, d'une façon décisive, à nous retirer de la mort politique, allant jusqu'à ébranler les appareils des formations et des partis traditionnels.

Tout doit donc être fait pour préserver le sens de ce soulèvement, l'originalité de l'action qui s'y désigne, la liberté nouvelle qu'il a d'ores et déjà conquise pour tous. Aucune organisation ne saurait aujourd'hui prétendre représenter seule l'exigence révolutionnaire.

C'est pourquoi, au moment où le pouvoir gouvernemental, par des mesures au reste sans justification légale, fondées sur des arguments diffamatoires et telles qu'elles pourraient aussi bien frapper d'interdit toute formation d'opposition, cherche à rendre plus difficile le combat des étudiants aux côtés des travailleurs, les signataires de ce texte déclarent que toute poursuite engagée contre les membres des organisations visées par le décret de dissolution devrait être également engagée contre eux, qui se tiennent pour responsables des « agissements » incriminés. Ils soutiendront par tous les moyens en leur pouvoir les personnes poursuivies.

CE TEXTE EST SIGNÉ DE MMES & MM. : Robert Abirached, Dominique d'Acher, Sylviane Agacinski, Albicoco, Suzanne Allen, René Allio, Robert Antelme, François Arnal, Alexandre Astruc, Philippe Audoin, Colette Audry, Jacqueline Audry, Hugues Autexier, Catherine Backès, Jacques Baratier, Nadine Basile, Simone de Beauvoir, Jean-Louis Bédouin, Jacques Bellefroid, Claude Bellegarde, Loleh Bellon, Mathieu Bénézet, Denis Berger, Maurice Blanchot, Roger Blin, Vincent Bounoure, Roger Boussinot, Roger Bordier, Jean-Louis Bory, Jean Brassat, Robert Bresson, Jean-Claude Brialy, Françoise Brion, Philippe de Broca, Yves Buin, Jean-Pierre Burgart, Anne Capelle, Juliette Caputo, Solange Certain, Michel Ciment, Max Clarac-Serou, Maurice Clavel, Danielle Collobert, Michel Cournot, Claude Courtot, Jean Criton, Jean Degottex, Germaine Delbat, Danielle Delorme, Robert Destanque, Jacques Doniol-Valcrose, Bernard Dort, Jacques Dupin, Marguerite Duras, Jean Duvignaud, René Duvillier, Françoise d'Eaubonne, Robert Enrico, Marcel

Escoffier, Nicole Espagnol, Yvette Etiévant, Françoise Fabian, Jacques Favrel, Jean-Pierre Faye, Dominique Fernandez, Anouk Ferjac, Jean Ferrat, Guy Flandre, Maurice Fleuret, Suzanne Flon, Louis-René des Forêts, Samy Frey, Paul-Armand Gette, Alain Gheerbrant, Anne Godard, Jean-Luc Godard, André Gorz, Juliette Gréco, Daniel Guérin, Guy Hallard, Jean-Edern Hallier, Roger Hanin, Bernard Heidsieck, Jean Hélion, Maurice Henri, Huguette Hue, Ipousteguy, Françoise Janicot, Blandine Jeanson, Alain Joubert, Alain Jouffroy, Jean-Pierre Kalfon, Pierre Kast, Valérie Lagrange, Jean-Clarence Lambert, Monique Lange, Claude Lanzmann, Jean Laplanche, Gilles Lapouge, Robert Lapoujade, Gérard Lartigau, Gilbert Lascault, Laudryc, Annie Le Brun, Jean-Pierre Le Goff, Gérard Legrand, Michel Leiris, M. Lelong, Jean-Pierre Lemée, Daniel Leveugle, Michel Ligny, Françoise Lugagne, Olivier de Magny, Charles Malamoud, Louis Malle, Michèle Manceaux, Maud Mannoni, Octave Mannoni, Marcel Marnat, Jean Martinelli, Dionys Mascolo, Jean Messagier, Lionel Mirisch, Michel Muller, Maurice Nadeau, Jacques Narden, François Nebout, Dominique Nores, Marc Ogeret, Max Papart, Paul Paviot, Jérôme Peignot, François Perrier, Michel Piccoli, Nicole Pierre, José Pierre, Marc Pierret, Michèle Pierret, Daniel Pollet, J.-B. Pontalis, Micheline Presle, Alain Resnais, Jacques Rivette, Christiane Rochefort, Bernard Roger, Henri Ronse, Michèle Rosier, Pierre Roudy, Raymond Rouleau, Claude

Roy, Jacques Rozier, Nathalie Sarraute, Jean-Paul Sartre, Jean Schuster, Laurent Schwartz, Georges Sebbag, Catherine Sellers, Jean-Marie Serreau, Delphine Seyrig, Jean-Claude Silbermann, Siné, Pierre Soulages, Gaby Sylvia, Pierre Tabard, Jean Terrossian, Jean-Louis Thamin, Françoise Thieck, Bernard Thomas, Michel Thurlotte, Olivier Todd, Roland Topor, Pierre Trotignon, François Truffaut, Jean-Louis Verdier, Pierre Vidal-Naquet, Michel Vitold, Teddy Vrignault, Jean-Noël Vuarnet, Monique Wittig, Christian Zervos.

LE CRIME

En même temps qu'il a entrepris la liquidation violente du mouvement étudiant, le pouvoir du général de Gaulle a décidé la mise au pas du peuple tout entier. La dissolution illégale des mouvements d'opposition n'a manifestement été décidée que pour permettre les perquisitions sans contrôle, les arrestations arbitraires (plus de cent mandats d'arrêt), ainsi que la remise en activité des tribunaux d'exception, enfin pour empêcher toute réunion : autrement dit, et comme l'a déclaré le président de la République, pour qu'il ne se passe plus rien ni dans la rue, ni dans les bâtiments publics (universités, Parlement). Ce qui est décréter la *MORT POLITIQUE*. Quant aux étrangers, c'est par centaines qu'ils ont été et sont encore menacés, pourchassés, expulsés, parfois livrés à la persécution de leur pays d'origine. Le chantage à la résiliation du sursis militaire s'exerce contre les étudiants, soupçonnés d'une activité hostile au pouvoir. Selon les traditions de la police politique en régime de dictature, on cherche à forger les pièces qui seraient les « preuves » d'un prétendu « complot international », tandis que sur les fiches des officines policières s'inscrivent les noms des personnes contre lesquelles commencent à intervenir les moyens gradués du terrorisme politique : surveillance, avertissement, investigation, interrogatoire, arrestation. Tout indique qu'a été mis en place un puissant dispositif de répression sournoise et de force brutale.

Aussi, et en insistant sur l'extrême gravité de la situation, nous appelons tous les citoyens à se rassembler contre le système gaulliste d'oppression policière, et puisque le pouvoir prétend briser le mouvement le plus libre et le plus décidé, celui même où se promet l'une des très rares chances d'avenir, nous déclarons que, de ce crime, nous tenons d'abord et personnellement pour responsable le chef de l'État.

COMITÉ D'ACTION ÉTUDIANTS-ÉCRIVAINS

LETTRE AUX ÉTUDIANTS ET INTELLECTUELS ÉTRANGERS : POUR UN VIDE CULTUREL ABSOLU

Nous ignorons quand et comment aura lieu le prochain affrontement entre le pouvoir gaulliste et les forces révolutionnaires. Mais nous savons que cet affrontement aura lieu et nous le préparons. De son côté le pouvoir aussi s'y prépare, par les moyens qui sont les siens. Le puissant dispositif de répression policière qu'il a mis en place menace déjà les libertés démocratiques essentielles. Les perquisitions sans contrôle se multiplient, de même que les arrestations arbitraires, dans la rue aussi bien que dans les locaux privés. La sécurité des résidents étrangers n'est plus garantie. Le pouvoir xénophobe les menace, les pourchasse, les expulse.

Un point fort du régime est pourtant le prestige dont il continue de bénéficier généralement à l'étranger. Nous n'avons pas à examiner les raisons pour lesquelles les gouvernements, qu'ils soient socialistes, démocrates-bourgeois ou fascisants, favorisent de Gaulle. Dans le meilleur des cas, il s'agit d'une stratégie diplomatique que les peuples

les plus libres ont à contester au nom de l'internationalisme. À cet égard, le rôle des intellectuels et artistes révolutionnaires de tous les pays peut être décisif. Pour nous, ici, il s'agit de créer sur le plan officiel un vide culturel absolu. Nous avons refusé déjà toute collaboration à la radio et à la télévision françaises et leur avons interdit toute utilisation de nos écrits et de nos œuvres. Ce n'est pas suffisant et nous établirons un programme de boycott de toutes les institutions, de tous les organismes qui relèvent de près ou de loin des services culturels de l'État policier.

Jouant du prestige de la culture française, la dictature gaulliste tente d'affirmer à l'étranger sa politique de « grandeur » nationaliste et antipopulaire, précisément sous le couvert des relations et des manifestations culturelles. Nous vous demandons de vous organiser dans vos pays respectifs pour faire échec à cette politique de « rayonnement » français dont Malraux, ministre d'État de De Gaulle, est le metteur en scène.

Nous vous suggérons pour commencer d'adresser une lettre ouverte collective aux attachés culturels français pour les informer que vous refuserez votre concours à toute manifestation organisée par leurs soins ou par des organismes officieux du type « Alliance française ». Le sabotage spectaculaire de ces manifestations (expositions, conférences, débats, remises de prix…) qui émanerait d'intellectuels, d'artistes et d'étudiants, serait, pour nous, l'aide la plus efficace.

Rien n'interdit de déborder le cadre culturel et de contribuer à la ruine du système en agissant sur le plan économique, par exemple par des campagnes contre le tourisme en France.

Nous faisons appel enfin à votre connaissance de votre propre terrain pour imaginer vous-mêmes les modalités d'action et choisir les moments qui vous sembleront les mieux appropriés, à la fois à nous venir en aide, comme nous vous le demandons aujourd'hui, et à poursuivre votre propre combat contre vos institutions, vos oppresseurs, votre propre bourgeoisie.

POUR PLAIRE À DE GAULLE, KIESINGER VIENT DE JETER EN PRISON NOTRE CAMARADE COHN-BENDIT.

LA RÉPRESSION EST INTERNATIONALE, COMME LA LUTTE EST INTERNATIONALE ET COMME SERA INTERNATIONALE LA LIBÉRATION.

LES CAMARADES ALLEMANDS ET LES CAMARADES FRANÇAIS LUTTENT ENSEMBLE ET MANIFESTERONT ENSEMBLE CONTRE MARCELLIN-STRAUSS-DE GAULLE-KIESINGER, EUX AUSSI UNIS OU IDENTIQUES.

COMITÉ D'ACTION
ÉTUDIANTS-ÉCRIVAINS

PARIS 25.9.68

LETTRE À DOMINIQUE AURY, 7 OCTOBRE 1968

Chère Dominique,

Il y a longtemps que nous ne nous sommes pas parlé. À la vérité, depuis Mai. L'immense silence de cet événement a interrompu beaucoup de paroles et parmi les plus familières.

Peut-être savez-vous, peut-être ignorez-vous que, dans la mesure de mes moyens (très faibles), parfois publiquement, le plus souvent anonymement en accord avec le mouvement qui depuis beaucoup d'années m'oriente, j'ai participé à cet événement. J'y ai engagé ma responsabilité, ma réflexion et les forces qui me sont laissées. Non pas qu'il ait pour moi changé le cours de ce qu'il m'a fallu penser depuis longtemps, mais il m'a confirmé dans une exigence de rupture à laquelle il ne me permettrait plus de manquer.

Cela me conduit à plusieurs décisions. Certaines me sont pénibles. La moins difficile n'est pas de devoir interrompre, après 16 années, ma collaboration avec *La NRF*, collaboration où j'ai toujours été libre, accueilli avec amitié, supporté affectueusement même dans mes écrits les moins lisibles, enfin aidé matériellement avec bonté.

Mes raisons, vous les discernez. Elles ne mettent nullement en cause l'impartialité de la revue. Je dirais au contraire que cette impartialité est si étrangère dans sa formalité au mouvement qui m'importe que je ne puis accepter d'y contribuer par ma présence. J'ajoute que *le refus* que, depuis 1958, j'ai exprimé non seulement à l'égard du régime, mais de toutes les institutions qui y sont liées, a pris corps de telle sorte qu'il m'est impossible de continuer à exister libéralement et honorablement ici, tandis que je me supprimerais ailleurs, en luttant anonymement avec mes camarades. J'ajoute encore (mais c'est presque un hors-d'œuvre) que certains des commentaires du numéro d'octobre sur les revues – dans leur libéralisme même, nécessairement d'apparence – montrent que la possibilité de publier dans *La NRF* n'aurait plus pour moi que ce pouvoir de confusion ou de complaisance que vous dénoncez.

Chère Dominique, cette lettre est naturellement privée. Je me retire silencieusement. Dites-le à Jean et à Marcel, en leur demandant de me conserver leur amitié, comme je sais que vous me conserverez la vôtre, quoi qu'il arrive et malgré le temps, la rupture du temps.

Maurice

LETTRE À MARGUERITE DURAS, 13 OCTOBRE 1968

Chère Marguerite,

Nous ne nous sommes pas revus depuis le mois de juillet. Nous nous sommes quittés alors en échangeant la promesse de faire ce que nous avons appelé « le Bulletin ». Depuis, je n'ai cessé d'y penser. Je crois que jamais plus qu'aujourd'hui où ici nous sommes réduits à l'impuissance, l'exigence communiste n'a demandé à être réaffirmée, non pas dans les formes tranquilles, traditionnelles, mais telle qu'elle remette tout en question, nous obligeant tous – nous, c'est-à-dire non pas nous, mais en tant que reliés aux autres – à en venir à une révolution *de* la révolution. Ce que nous ferons sera nécessairement (et comme par obligation) infime, invisible, dérisoire peut-être, mais si nous nous refusons à envisager de le faire, mieux vaut entrer tout de suite dans le tombeau ou avoir le courage de reconnaître que nous sommes passés de l'autre côté. *L'exigence communiste* : est-ce que nous sommes prêts ou non à y répondre, avec nos forces, avec notre absence de force ? Est-ce qu'elle nous a désertés ? Voilà la question que je me pose, que je vous pose comme à une très proche amie.

J'embrasse Ginette et je vous embrasse.

Maurice

Les caractères possibles de la publication :
Elle s'efforcera, elle aussi, d'accomplir la rupture, c'est-à-dire de l'accomplir sur un mode de rupture. D'où la nécessité de rompre avec les habitudes et les privilèges traditionnels d'écriture.

1) Les textes seront anonymes. L'anonymat n'est pas seulement destiné à lever le droit de possession de l'auteur sur ce qu'il écrit, ni même à l'impersonnaliser en le libérant de lui-même (son histoire, sa personne, le soupçon qui s'attache à sa particularité), mais à constituer une parole collective ou plurielle : un communisme d'écriture.

2) Les textes, de ce fait, seront de caractère fragmentaire : précisément pour rendre possible la pluralité (une pluralité non unitaire) ; lui ouvrir un lieu et en même temps ne jamais arrêter le devenir même : toujours déjà rompus et comme destinés à la rupture, afin de trouver leur sens non en eux-mêmes, mais dans leur conjonction-disjonction, leur mise en commun, leurs rapports de différence.

3) Puisque le sens est donné par la mise en commun (la continuité d'une série de textes toujours discontinus et même divergents, de formes et de « genres » essentiellement différents), il n'y a pas de raisons de distinguer entre textes déjà publiés ailleurs et textes écrits pour la publication. Il y a souvent dans de tels textes déjà publiés, latente en eux, une possibilité de citation, c'est-à-dire une appartenance au fragmentaire, plus simplement des fragments, des phrases, des paragraphes, lesquels, mis en rapport avec d'autres, peuvent prendre un nouveau sens ou servir notre travail de recherche. Abandonner toute idée préconçue d'originalité ou de privilège d'inédit.

4) De même, telle *information* prélevée telle quelle, dans sa force brute sans commentaire, ponctuant de loin ou de proche en proche la série discontinue des textes appartiendra, aussi bien, à ce même travail de recherche.

5) Devront donc et en premier lieu s'y exprimer ou s'y trouver exprimés, d'une manière directe ou indirecte, les sans-parole, les non-écrivains, ceux-là mêmes que le discours n'atteint pas, même si c'est dans ce discours qu'ils croient pouvoir le mieux se faire entendre.

6) En résumé, le langage n'est pas donné par le contenu des textes ni par leur forme, mais par leurs rapports, l'ensemble du reste *nécessairement désaccordé* qu'ils peuvent constituer. Par cette discontinuité qu'ils réservent, par cette non-fermeture, il y aura recherche d'un langage

plus radical, se situant hors discours, hors de la culture, qui, tout en étant déclaratif, devrait continuer à maintenir le travail d'une interrogation incessante.

7) Publication essentiellement irrégulière, vouée à l'irrégularité aussi bien de temps que de format et de formulation.

Trois centres, donc toujours décentrés :

– Le mouvement comme exigence de rupture (les forces marginales de rupture)

– Les possibilités de rupture dans l'espace du travail (rapport ouvriers-étudiants)

– L'exigence internationale (rapport avec les étrangers)

Mais tout nous appartient, c'est-à-dire que nous appartenons à tout, à rien.

LORSQU'IL SE PASSE DANS LA RUE DES CHOSES EXTRAORDINAIRES, C'EST LA RÉVOLUTION

« Quand l'extraordinaire devient le quotidien, c'est qu'il y a une révolution. » Le quotidien appartient à la rue comme à son lieu. La parole de Guevara supporte donc peut-être aussi cette traduction qui dit beaucoup : « Lorsqu'il se passe dans la rue des choses extraordinaires, c'est la Révolution. » Telle est, depuis Mai, la lumière d'évidence qui éclaire les événements (et toute réflexion) et à laquelle le pouvoir apporte sa confirmation lorsque, grâce à l'ingénuité de De Gaulle, il se trahit en prétendant : « Il ne doit plus rien se passer nulle part, ni dans la rue, ni dans les bâtiments publics. »

EN ÉTAT DE GUERRE

Se maintenir dans le rappel de cette vérité :
Ici (le monde français) où nous pouvons tout dire, presque tout dire, nous ne pouvons parler qu'en territoire ennemi, dans un espace où toute parole, captée par l'adversaire, sera mise à son service – un ennemi amical, bienveillant, féroce.

Jamais nous ne prendrons assez conscience de cela : nous appartenons à une société avec laquelle nous sommes en état de guerre ; nous habitons en région occupée. De 1940 à 1944, un assez grand nombre a eu, par instinct et réflexion, connaissance de ce qu'il fallait faire pour vivre, agir, penser en dissidence avec la loi imposée. Mais la libération n'est pas venue, sauf, ici et là, durant les jours où tout se soulevait pour une vacance d'État. S'il est vrai que de Gaulle a dit alors comme sa première parole : « Il n'y aura pas de Révolution, l'heure en est passée », il a vraiment parlé comme il fallait pour se désigner désormais comme le nouvel ennemi, à peine l'ancien écarté : du reste trop visible, surtout depuis 1958, au point que l'un de ses traits les plus dangereux est d'avoir personnalisé jusqu'à la caricature l'inconvenance du pouvoir et en même temps d'avoir fourni un alibi décent à toutes les formes adverses.

Cette situation est relativement nouvelle. Il y a un siècle, et jusqu'à l'effondrement de 1914 où le nationalisme guerrier intégra tout, la société capitaliste maintenait en marge et en dehors d'elle ceux qu'elle dominait en les utilisant. Lorsque Marx recommande comme cri de combat **la révolution en permanence**, quand il demande que les ouvriers soient armés, puis organisés en garde prolétarienne autonome, quand il les encourage à constituer (par voie d'élection), à côté des groupements officiels, des formations illégales, tantôt secrètes, tantôt publiques, soit sous forme de conseils municipaux, soit par des clubs ou des comités ouvriers, c'est bien cette situation de guerre qu'il a en vue et qui doit être la vérité quotidienne, la possibilité à vivre et à réfléchir.

Cette vérité, incontestablement, s'est perdue, du moins dans nos sociétés dites tranquilles. Si l'événement le plus important de l'année 1967 (avec le combat du Viêt-Nam, avec l'extension de la guérilla en Amérique latine, avec la révolution culturelle prolétarienne en Chine) est le soulèvement noir aux États-Unis, c'est parce que celui-ci introduit, à l'intérieur de la plus grande société capitaliste, précisément la guerre, la guerre ouverte, la guerre déclarée. Voilà qui est décisif. Un dirigeant noir a dit : « Nous aurons de plus en plus d'alliés parmi les progressistes blancs parce que les Blancs vont commencer à se sentir noirs. » Cela dit, sous une forme directe, la nouvelle vérité : ici aussi, nous devons nous sentir (nous comporter comme) les Noirs d'une société blanche : Noirs contre notre blancheur, Noirs en lutte contre les prédominants, quitte à organiser à leurs dépens, c'est-à-dire à retourner contre eux, fût-ce contre nous, la ségrégation.

La ségrégation, mot pénible, décision intenable. Mais comprenons bien, en dépit du malaise, que, lorsque les barreaux sont rendus invisibles, par ruse et consentement général, la prison non seulement continue d'être là, mais devient prison à vie, personne n'ayant plus idée de lutter pour s'en échapper, et la première tâche est alors de montrer les barreaux et même de les peindre en rouge. Qu'est-ce que la lutte de classes ? Ce n'est pas la lutte pour ouvrir le ghetto qu'est la classe inférieure et permettre l'accès à une meilleure classe dans une harmonie satisfaisante : c'est tout au contraire se servir de la fermeture du ghetto pour rendre impossible entre les classes d'autre contact que heurté, violent, destructeur et ainsi peut-être un jour changer la loi même de la structure de classe.

Comprenons aussi l'exigence de cette nouvelle ségrégation : elle consiste à tout concéder à ceux qui ont déjà tout. Oui, toutes les valeurs, la vérité, le savoir, les privilèges honorables, la beauté, y compris celle des arts et celle du langage, l'humanité donc, nous les abandonnons à ceux qui se sentent en accord avec la société établie : cela leur appartient, le Bien est de leur côté. Qu'ils vivent avec ce bien comme avec Dieu ou avec ce qu'on appelle humanisme : cela est à eux, ne vaut que pour eux, ne leur permet de communiquer qu'entre eux. Alors, les autres ? Aux autres, c'est-à-dire, si possible, à nous, la pénurie, le défaut de parole, la puissance de rien, ce que Marx nomme à bon droit « le mauvais côté », soit l'inhumain, certes une idéologie encore, mais déjà radicalement autre et telle que, pour l'atteindre, il nous faudra et toujours à nouveau nous libérer des valeurs, y compris de la liberté comme valeur déjà acquise. Autrement dit, et en toute gravité, non sans peine : destruction de la catégorie de l'universel.

Cela conduit à une sorte de déraison ? C'est vrai. Mais il faut aussi comprendre que le mode collectif de penser, dans nos sociétés modernes, est, mode toujours dissimulé, tantôt la schizophrénie, tantôt la paranoïa, tantôt l'une et l'autre et que si nous acceptions, comme on nous le propose amicalement, de guérir, ce serait pour nous retrouver à notre insu derrière l'invisibilité des barreaux. Il y a quelque temps, à la télévision française d'État, un puissant journaliste américain a nommé Fidel Castro : « Ce singe à tête blanche. » Il faut lui répondre : c'est juste, c'est vous, l'homme, l'humain de la société capitaliste.

AFFIRMER LA RUPTURE

1) Le but ultime, c'est-à-dire, aussi, immédiat, évident, c'est-à-dire caché, direct-indirect : **affirmer la rupture. L'affirmer** : l'organiser en la rendant toujours plus réelle et plus radicale.

Quelle rupture ? La rupture avec le pouvoir, donc avec la notion de pouvoir, donc en tous lieux où prédomine un pouvoir. Cela vaut certes pour l'Université, pour l'idée de savoir, pour le rapport de parole enseignante, dirigeante et peut-être pour toute parole, etc., mais cela vaut davantage encore pour notre conception même de l'opposition au pouvoir, chaque fois que cette opposition se constitue en parti de pouvoir.

2) Affirmer radicalement la rupture : cela revient à dire (c'est le premier sens) que nous sommes **en état de guerre** avec ce qui est, partout et toujours, n'ayant de rapport qu'avec une loi que nous ne reconnaissons pas, avec une société dont les valeurs, les vérités, l'idéal, les privilèges nous sont étrangers, n'ayant donc à faire qu'à un ennemi d'autant plus redoutable qu'il semble plus

complaisant, avec lequel il doit être entendu que, sous aucune forme, même pour des raisons tactiques, nous ne pactiserons jamais.

3) Porter la rupture, ce n'est pas seulement dégager ou tenter de dégager de leur intégration à la société établie les forces qui tendent à la rupture, c'est faire en sorte que réellement et chaque fois qu'il s'accomplit, sans cesser d'être refus agissant, le refus ne soit pas **un moment seulement négatif**. C'est là, politiquement et philosophiquement, l'un des traits les plus forts du mouvement. En ce sens, le refus radical, tel qu'il le porte et tel que nous aussi avons à le porter, dépasse de beaucoup la simple négativité, s'il est négation même de ce qui n'a pas été encore posé et affirmé. Mettre au clair le trait singulier de ce refus, c'est l'une des tâches théoriques de la nouvelle pensée politique. Le théorique ne consiste évidemment pas à élaborer un programme, une plate-forme, mais au contraire, en dehors de tout projet programmatique et même de tout projet, à maintenir **un refus qui affirme**, à dégager ou maintenir une affirmation qui ne s'arrange pas, mais qui dérange et se dérange, ayant rapport avec le désarrangement ou le désarroi ou encore le non-structurable.

Cette décision du refus qui n'est pas un pouvoir, ni pouvoir de nier, ni négation en rapport avec une affirmation toujours déjà préalablement posée ou projetée, c'est elle que l'on nomme lorsqu'on fait intervenir, dans le processus « révolutionnaire », la **spontanéité**, avec cette réserve que cette notion de spontanéité est, à bien des égards, sujette à caution et véhicule plus d'une idée douteuse – par exemple une sorte de vitalisme, d'auto-créativité naturelle, etc.

AUJOURD'HUI

Aujourd'hui, ainsi que pendant la guerre de 1940 à 1944, le refus de collaborer avec toutes les institutions culturelles du pouvoir gaulliste doit s'imposer à tout écrivain, à tout artiste d'opposition comme la décision absolue. La culture est le lieu où le pouvoir trouve toujours des complices. Par le moyen de la culture, il récupère et réduit toute parole libre. Lutter contre cette complicité de la culture ; montrer qu'il y a dans la culture un rapport de possession par le sens et un usage des forces répressives fonctionnant indépendamment du jeu social.

LA MORT POLITIQUE

Quand il nous arrive, parlant de tel ou tel comme par oubli, de dire « il est politiquement mort », nous savons que ce jugement n'atteint pas seulement l'autre, il nous atteint tous, à peu de nuances près. Il faut l'accepter et même l'accueillir en le revendiquant. La mort politique veille en nous, « lumière dans le tombeau », pour nous épargner tout divertissement, toute rumination journalière, toute parole de facile récrimination – plus précisément toute possibilité de survie. La mort politique, celle qui fait accepter l'inacceptable, n'est pas un phénomène individuel. Nous y participons, que nous le voulions ou non. Et dans la société française, plus on s'élève, plus la mort grandit, jusqu'à atteindre, au sommet, la démesure dérisoire, une présence d'humanité pétrifiée. S'il y a aujourd'hui dans ce pays un homme politiquement mort, c'est celui qui porte – le porte-t-il ? – le titre de président de la République, république à laquelle il est aussi étranger qu'il est étranger à tout avenir vivant. C'est un acteur, jouant un rôle emprunté à la plus vieille histoire, de même que son langage est le langage d'un rôle, une parole imitée, parfois si anachronique qu'elle paraît depuis toujours posthume. Naturellement, il ne le sait pas. Il croit à son rôle, croyant magnifier le présent, alors qu'il parodie le passé. Et ce mort, ignorant qu'il est mort, est impressionnant avec sa grande stature de mort, avec cette obstination morte qui fait figure d'autorité et parfois la pénible vulgarité distinguée qui signifie la dissolution de l'être-mort. Étrange présence insistante dans laquelle nous voyons persévérer un monde d'autrefois et dans laquelle, ne l'oublions pas, nous nous sentons mourir fastueusement, risiblement.

Car lui-même n'est rien, il n'est que le délégué de notre mort politique, une victime lui aussi, un masque derrière lequel le néant.

La première tâche est donc de faire disparaître l'alibi supérieur, puis, à tous les niveaux, l'alibi des alibis. Ne nous croyons pas en vie politique parce que nous participons avec mesure à une opposition réglementaire. Et ne nous croyons pas en vie intellectuelle parce que nous participons à une culture de haut développement où la contestation est de règle, la critique et même la négation, encore un signe d'appartenance. Il y a quelque temps, un ministre parisien affirmait – avec l'inintelligence de la vanité – que le sort du monde ne se jouerait pas en Bolivie. Il s'y joue aussi bien qu'en France, là où le seul principe de gouvernement est la stabilité, et le seul changement attendu, la mort d'un vieillard spectral qui semble toujours se demander s'il est ou non au Panthéon et si sa mémoire qui n'oublie rien n'a pas simplement oublié l'événement imperceptible de sa fin : soit la fin d'un simulacre.

S'il survit, profitons de sa survivance pour prendre bien conscience de notre état de mort-vivant que nous partageons avec lui, mais en gardant ce droit supplémentaire de dénoncer notre destruction, fût-ce au moyen de paroles elles-mêmes déjà détruites. D'où ici et là, aujourd'hui, demain, d'autres tireront peut-être un nouveau et fort pouvoir de détruire.

Demain, ce fut Mai : le pouvoir infini de détruire-construire.

LA RUE

En même temps qu'il a entrepris la liquidation violente du mouvement de soulèvement étudiant, le pouvoir du général de Gaulle a décidé la mise au pas du peuple tout entier.

La dissolution (sans aucun fondement légal) des mouvements d'opposition n'a eu que ce but : permettre les perquisitions sans contrôle, faciliter les arrestations arbitraires (plus de cent mandats d'arrêt), remettre en activité les tribunaux d'exception, appareil indispensable de tout terrorisme d'État, finalement empêcher toute réunion. Autrement dit, et comme l'a déclaré le président de la République en une formule dont chacun doit se souvenir parce qu'elle montre clairement ce qu'il est et ce qu'il veut : il ne doit plus rien se passer nulle part, ni dans la rue, ni dans les bâtiments publics (universités, Parlement). Ce qui est décréter la MORT POLITIQUE.

Un signe qui ne trompe pas : l'envahissement de la rue par les policiers en civil. Ils ne sont pas là seulement pour surveiller les opposants déclarés.

Ils sont partout, en tous lieux où les attire leur soupçon, près des cinémas, dans les cafés, même dans les musées, s'approchant dès que trois ou quatre personnes sont ensemble et discutent innocemment : invisibles, tout de même très visibles. Chaque citoyen doit apprendre que la rue ne lui appartient plus, mais appartient au pouvoir seul qui veut y imposer le mutisme, produire l'asphyxie.

Pourquoi cette mobilisation effrayée ?

Depuis Mai, la rue s'est réveillée : elle parle. C'est là l'un des changements décisifs. Elle est redevenue vivante, puissante, souveraine ; le lieu de toute liberté possible. C'est contre cette parole souveraine de la rue que, menaçant tout le monde, a été mis en place le plus dangereux dispositif de répression sournoise et de force brutale. Que chacun de nous comprenne donc ce qui est en jeu. Quand il y a des manifestations, ces manifestations ne concernent pas seulement le petit nombre ou le grand nombre de ceux qui y participent : elles expriment le droit de tous à être libres dans la rue, à y être librement des passants et à pouvoir faire en sorte qu'il s'y passe quelque chose. C'est le premier droit.

ASSOCIEZ-VOUS AUX MANIFESTATIONS. EXPRIMEZ VOTRE SYMPATHIE AUX MANIFESTANTS, CAR C'EST POUR VOUS QU'ILS MANIFESTENT. AIDEZ-LES À LIBÉRER LA RUE, À LA MAINTENIR LIBRE.

17 juillet 1968

LE COMMUNISME
SANS HÉRITAGE

Il faut se redire les choses simples, toujours oubliées : patriotisme, chauvinisme, nationalisme, rien qui distingue ces mouvements, sauf en ceci que le nationalisme est l'idéologie conséquente dont le patriotisme est l'affirmation sentimentale (comme le montrent encore les pénibles déclarations : « J'ai épousé la France »). Tout ce qui enracine les hommes par des valeurs, par des sentiments, dans un temps, dans une histoire, dans un langage, est le principe d'aliénation constituant l'homme comme privilégié tel qu'il est (français, le précieux sang français), l'enfermant dans le contentement de sa réalité et le conduisant à la proposer en exemple ou à l'imposer comme affirmation conquérante. Marx a dit avec une force tranquille : la fin de l'aliénation ne commence que si l'homme accepte de sortir de lui-même (de tout ce qui l'institue comme intériorité) : sortir de la religion, de la famille, de l'État. L'appel au dehors, un dehors qui ne soit ni un autre monde, ni un arrière-monde, il n'y a pas d'autre mouvement à opposer à toutes formes de patriotisme, quelles qu'elles soient.

■ Le patriotisme est le plus prodigieux pouvoir d'intégration, étant cela qui, dans l'intimité de la pensée, dans la pratique quotidienne, dans le mouvement politique, est au travail pour tout réconcilier, les œuvres, les hommes, les classes, empêcher toute lutte de classe, fonder l'unité au nom des valeurs qui particularisent (le particularisme national promu comme universel) et écarter la division nécessaire, celle d'une destruction infinie. Le jour où, par ruse tactique, le communisme international a accepté de servir la communauté nationale, a eu honte d'être tenu pour le parti de l'étranger, il a perdu ce que Lénine appelait son âme. Même parler de la patrie de la révolution, de la patrie du socialisme, est la métaphore la moins heureuse, la plus propre à réveiller le besoin d'être quelque part chez soi, de se soumettre au Père, à la loi du Père, à la bénédiction du Père. Un seul mot, et l'homme qui voudrait se libérer se réconcilie. Le parti devient à son tour la patrie. Les socialistes (en cela pas plus ridicules que les autres progressistes intransigeants) disent avec une émotion certes touchante : le parti pour nous, c'est la famille et, bien entendu, on sacrifie tout à la survie de la famille, à commencer par le socialisme. Je dirai que l'appel glorieux « la patrie ou la mort », s'il ne privilégiait pas le mot mort et par conséquent le mot vie, risquerait de conduire seulement à une mystification affreuse, car la patrie précisément, c'est la mort, la fausse vie qui perpétue les valeurs mortes, ou bien la pénible mort tragique, celle des héros, des détestables héros.

■ Le communisme : ce qui exclut (et s'exclut de) toute communauté déjà constituée. La classe prolétarienne, communauté sans autre dénominateur commun que la pénurie, l'insatisfaction, le manque en tous sens.

■ Le communisme accommodant : alors que Lénine, ne reculant pas devant ce mot, disait que l'âme du communisme, c'est ce qui le rend intolérable, intraitable. Réfléchir sur l'erreur de l'humanisme, c'est réfléchir sur l'erreur du communisme commode, lorsque celui-ci, ne voulant rien perdre, en vient à se réconcilier avec tout, y compris les valeurs humaines, trop humaines, les valeurs nationales.

■ Le communisme ne peut être l'héritier. C'est de cela qu'il faut se convaincre : pas même l'héritier de lui-même, et toujours appelé à laisser se perdre, au moins momentanément, mais radicalement, le legs des siècles, fût-il vénérable. Le hiatus théorique est absolu ; la coupure de fait, décisive. Entre le monde libéral-capitaliste, notre monde, et le présent de l'exigence communiste (présent sans présence), il n'y a que le trait d'union d'un désastre, d'un changement d'astre.

DEPUIS LONGTEMPS, LA BRUTALITÉ

Depuis longtemps, la brutalité, tantôt de langage, parfois d'action, reste le seul point par lequel les partis dits communistes et les États dits socialistes croient rester en contact avec la force de rupture révolutionnaire. Plus leur pratique politique, idéologique et sociale est conservatrice, ne tendant qu'à maintenir l'état de choses, plus cette pratique s'impose par les moyens soit de la domination soit de l'intimidation. Dans un parti communiste de tradition, les éléments qu'on appelle « durs » sont toujours les plus faibles, c'est-à-dire les plus médiocres. Pourquoi ? Ils ont pour fonction d'écarter toute décision véritable, comme d'empêcher toute production de concepts nouveaux. Cette médiocrité n'est même pas le fait de l'appareil ou l'effet de la bureaucratie ; elle ne relève pas de la psychologie individuelle, ce n'est pas une médiocrité personnelle. Elle est le support nécessaire du dogmatisme, c'est-à-dire d'un vide théorique et pratique qui a besoin de la « dureté »
– « rigidité » (praxis ossifiée) à la fois comme alibi

et comme vecteur. Ce qui ne veut pas dire que ces États ne seront pas capables de recourir à des actions considérables, mais ces actions 1° sont toujours répétitives : elles n'innovent jamais, reproduisent par fausse analogie de situations les mêmes solutions « erronées » ; 2° elles sont toujours répressives. On ne se met en mouvement que pour manifester l'immobilité : empêcher, arrêter, enfermer le dangereux avenir.

Il ne faut donc pas se contenter de remarquer que ces partis ou ces États seraient réformistes ou révisionnistes, avec comme seul trait non bourgeois des méthodes de terreur : ils ne sont ni réformistes, ni révolutionnaires, ni terroristes (au sens révolutionnaire), ni non plus – c'est là tout de même la modification de structure – capitalistes. Ils ont été figés dans un ordre et une éthique non capitalistes et non socialistes qui se traduisent par un appareil répressif de gestion et par une surpuissance d'État. Pourquoi il en est ainsi et quels sont exactement les caractères de cette situation, ainsi que les possibilités de la modifier, c'est ce que nous devons rechercher.

TRACTS, AFFICHES, BULLETIN

Écrire **sur** cela est, de toutes manières, sans convenance. Mais écrire sur l'événement qui est précisément destiné (entr'autres) à ne plus permettre qu'on écrive jamais **sur** – épitaphe, commentaire, analyse, panégyrique, condamnation –, c'est par avance le fausser et l'avoir toujours déjà manqué. Nous n'écrirons donc jamais sur ce qui eut lieu, n'eut pas lieu en Mai : non par respect, ni même par souci de ne pas restreindre l'événement en le circonscrivant. Nous admettons que ce refus est l'un des points où l'écriture et la décision de rupture se rejoignent : l'une et l'autre toujours imminentes et toujours imprévisibles.

■ Déjà, par dizaines, sont publiés des livres qui traitent de ce qui eut lieu, n'eut pas lieu en Mai. Ils sont généralement intelligents, partiellement justes, peut-être utiles. Écrits par des sociologues, des professeurs, des journalistes ou même des militants. Naturellement, personne ne s'attendait à voir disparaître, par la force du mouvement qui d'une certaine manière l'interdit, la réalité et la possibilité du **livre** : c'est-à-dire l'achèvement, l'accomplissement.

■ Le livre n'a pas disparu, reconnaissons-le. Cependant, disons que tout ce qui dans l'histoire de notre culture et dans l'histoire tout court ne cesse de destiner l'écriture non pas au livre, mais à l'absence de livre, n'a cessé d'annoncer, en le préparant, l'ébranlement. Il y aura encore des livres et, ce qui est pis, de beaux livres. Mais l'écriture murale, ce mode qui n'est ni d'inscription ni d'élocution, les tracts distribués hâtivement dans la rue et qui sont la manifestation de la hâte de la rue, les affiches qui n'ont pas besoin d'être lues mais qui sont là comme défi à toute loi, les mots de désordre, les paroles hors discours qui scandent les pas, les cris politiques – et des bulletins par dizaines comme ce bulletin, tout cela qui dérange, appelle, menace et finalement questionne sans attendre de réponse, sans se reposer dans une certitude, jamais nous ne l'enfermerons dans un livre qui même ouvert tend à la clôture, forme raffinée de la répression.

■ En Mai, il n'y a pas de livre sur Mai : non par manque de temps ou par nécessité « d'agir », mais par un empêchement plus décisif ; cela s'écrit ailleurs, dans un monde privé d'édition, cela se diffuse face à la police et d'une certaine manière avec son aide, violence contre violence. Cet arrêt du livre qui est aussi arrêt de l'histoire et qui loin de nous reconduire avant la culture désigne un point situé bien au-delà de la culture, voilà ce qui provoque le plus l'autorité, le pouvoir, la loi. Que ce bulletin prolonge cet arrêt, tout en l'empêchant de s'arrêter. Plus de livre, plus jamais de livre, aussi longtemps que nous serons en rapport avec l'ébranlement de la rupture.

■ Tracts, affiches, bulletins, paroles de rues ou infinies, ce n'est pas par souci d'efficacité qu'ils s'imposent. Efficaces ou non, ils appartiennent à la décision de l'instant. Ils apparaissent, ils disparaissent. Ils ne disent pas tout, au contraire ils ruinent tout, ils sont hors de tout. Ils agissent, réfléchissent fragmentairement. Ils ne laissent pas de traces : trait sans trace. Comme la parole sur les murs, ils s'écrivent dans l'insécurité, sont reçus sous la menace, portent eux-mêmes le danger, puis passent avec le passant qui les transmet, les perd ou les oublie.

QUE L'IMMENSE CONTRAINTE

Que l'immense contrainte subie consciemment et inconsciemment par les forces nouvelles – celles de la jeunesse ouvrière et étudiante – ait donné lieu, avec une soudaineté prodigieuse, à ce mouvement de soulèvement, on pouvait s'y attendre, sans être à même certes de le prévoir exactement : mouvement d'un dynamisme, d'une puissance d'invention politique extraordinaires, mouvement à la fois de liberté et de refus. Le moment n'est pas venu d'en désigner les caractères, c'est-à-dire de le restreindre en le privant de sa force de présence. Mais ce qu'il faut rappeler et en particulier à nos amis de l'Est, c'est que s'il constitue un mouvement global de contestation de la société bourgeoise, c'est en premier lieu la rupture avec le pouvoir et la société gaullistes qu'il a affirmée d'une manière éclatante et qu'il poursuit, poursuivra par tous moyens. De là aussi qu'un de ses premiers caractères soit d'être antinationaliste, renouant avec la pratique internationaliste et affirmant ou réaffirmant l'importance essentielle de l'exigence internationale, malheureusement méconnue depuis des décennies par les partis communistes traditionnels. Ce mouvement est un mouvement de rupture radicale, violent certes, mais d'une violence très maîtrisée et, dans sa finalité, communiste, tout en mettant en cause, par une contestation incessante, le pouvoir et toutes les formes de pouvoir. Il apparaît donc essentiellement comme un mouvement de refus, se gardant de toute affirmation ou programme prématurés, parce qu'il pressent que, dans toute affirmation telle que peut la formuler un discours nécessairement aliéné ou faussé, il y a le risque d'être récupéré par un système établi (celui des sociétés capitalistes industrielles), système qui intègre tout, y compris la culture, fût-elle d'« avant-garde ».

LES ACTIONS
EXEMPLAIRES

Il n'y a pas de Révolution sans « actions exemplaires ». Mais c'est la Révolution elle-même, ce changement tout à coup décisif par lequel une société se confond avec sa propre rupture, qui donne à telle ou telle action sa force d'éclat, sa puissance d'exemple, c'est-à-dire sans exemple.

Je crois que la révolution de Mai, à certains moments, après avoir été éclairée par plusieurs manifestations où elle était comme présente, a eu une dangereuse tendance – ainsi devenue trop méthodique – à rechercher systématiquement comment incarner, en tel acte en quelque sorte parlant, sa puissance mobilisatrice. Ainsi en est-on venu à la flambée de la Bourse, plat symbole du reste incapable de brûler. De même, la prise de l'Odéon, quoique joyeuse, laissait-elle trop facilement croire que la culture avait été, par là, libérée, alors qu'elle se décomposait en ce lieu où elle donnait seulement en spectacle la jouissance délicieuse de sa propre décomposition (ce qui est le fin du fin de la culture bourgeoise). On en vient à penser que la thèse de **l'efficacité symbolique** (Lévi-Strauss) fut, dans plusieurs cas, appliquée à tort et à travers et montra du reste ses limites.

La prise de la Bastille, la mort, c'est-à-dire le jugement du roi furent des actions prodigieusement exemplaires : ainsi la constitution de la commune de Petrograd par Trotsky, la prise du palais d'Hiver par les marins de la Baltique, mais non l'obscure mort du tzar, simple précaution pratique.

La nuit des barricades, l'occupation de la Sorbonne, le « Non » aux accords de Grenelle, les grèves actives, Flins furent – entr'autres – les moments où la possibilité révolutionnaire non seulement fut présente, mais s'affirma en une négation qui, tout en faisant le vide et en arrêtant le temps, désignait l'avenir. Chaque fois, il y eut transgression : une transgression innocente. La loi (celle du pouvoir : faible loi ; celle du Parti : instance plus grave) fut renversée ou mieux négligée – ou encore, c'est la Transgression elle-même, comme possibilité impossible, qui seule donnait encore un peu de sens à l'Interdit autrement effacé.

Sur tout cela, il faudra revenir. Disons brièvement qu'une « action exemplaire » est telle parce qu'elle va au-delà d'elle-même, tout en venant de très loin, se dépassant et faisant, en un instant, par une soudaineté éclatante, sauter ses limites. Les barricades étaient exemplaires, parce qu'elles signifiaient : 1) nous restons là, nous avons libéré un espace qui est celui de la non-loi ; 2) c'est dorénavant la guerre, nous sommes des combattants et non plus des manifestants ; 3) nous sommes passés de l'autre côté de la peur ; 4) nous élevons des barricades par un travail commun où s'affirme la communauté nouvelle, la Commune II ; 5) l'objectif étant la Sorbonne occupée, ce pauvre bâtiment où s'enseignait millénairement un savoir vétuste redevenait tout à coup, d'une manière extraordinairement insolite, un **signe** exalté par l'interdit : celui d'un savoir nouveau à reconquérir ou réinventer, un savoir sans loi, libéré de la loi et, comme tel, non-savoir : parole désormais incessante.

Je dirai encore que ce qui peut-être constitue l'action exemplaire, ce qui la rend vertigineuse et bouleversante, c'est qu'elle porte la **nécessité** de la violence, fait violence, divulgue la violence depuis trop longtemps subie et tout à coup intolérable et y répond par la décision d'une violence infinie, parfois terrible, parfois calme. Et ainsi, la plus haute violence fut sans doute en cet instant de non-violence, lorsque, pour rejeter l'interdiction (Cohn-Bendit **interdit**, telle était la pauvre « action exemplaire » du pouvoir), des milliers d'ouvriers, d'étudiants, révolutionnaires alors en un sens absolu, scandèrent leurs pas en criant : « **Nous sommes tous des Juifs allemands.** » Jamais cela n'avait été dit nulle part, jamais à aucun moment : parole première, ouvrant et renversant les frontières, ouvrant, bouleversant l'avenir.

DEUX INNOVATIONS CARACTÉRISTIQUES

Deux innovations caractéristiques dans le vocabulaire, donc l'idéologie du PCF, au cours du mois de juillet :

1) Pour la première fois, le secrétaire général de ce parti (dans un rapport au Comité central) emploie le mot subversif et le mot insurrection dans le sens violemment réprobateur, réservé jusqu'ici au langage de la grande et de la petite bourgeoisie.

2) Un membre important du Comité central du Parti, François Billoux, dénonce comme réactionnaire ce qu'il appelle « la propagande anti-autoritariste ». Pourquoi ? C'est que cette propagande fait tort au Parti communiste, c'est-à-dire à son « appareil » et à son « organisation » qui ne peuvent fonctionner qu'autoritairement.

D'où, entr'autres, cette conséquence : il est recommandé, désormais, de ne plus accuser d'autoritarisme (maladie de l'autorité) le pouvoir du général de Gaulle.

RUPTURE DU TEMPS :
RÉVOLUTION

Dès que, par le mouvement des forces tendant à la rupture, la révolution se manifeste comme **possible**, d'une possibilité non pas abstraite, mais historiquement et concrètement déterminée, c'est qu'en ces instants la révolution **a eu lieu**. Le seul mode de présence de la révolution est sa possibilité réelle. Alors, il y a arrêt, suspens. Dans cet arrêt, la société de part en part se défait. La loi s'effondre. La transgression s'accomplit : c'est pour un instant l'innocence ; l'histoire interrompue. Walter Benjamin :

« Le désir conscient de rompre la continuité de l'histoire appartient aux classes révolutionnaires au moment de l'action. C'est une telle conscience qui est affirmée par la révolution de juillet. Dans la soirée du premier jour de lutte, simultanément mais par des initiatives indépendantes, à plusieurs endroits, on tira des coups de feu sur les horloges des tours de Paris. »

POUR LE CAMARADE CASTRO

Laissons de côté les sentiments, essayons de penser hors de l'espace moral qui reste, que nous le voulions ou non, l'espace de nos habitudes et de notre dépendance, et recherchons, avec d'autres, ce que nous devons conclure de l'intervention militaire en Tchécoslovaquie.

1. L'exigence communiste ni la raison révolutionnaire ne sont en rien impliquées dans cette plate manifestation de forces, aussi insupportable politiquement qu'idéologiquement déplacée. Le fait que Castro l'approuve montre seulement que Castro, même s'il pense parler au nom du Parti communiste cubain, est capable de parler contre la révolution cubaine, c'est-à-dire de se laisser tromper par une fausse conception de l'internationalité.

2. Les frontières violées, la souveraineté méconnue, les institutions démantelées, ce n'est pas cela qui contrevient au mouvement international, mais cette prétention parfaitement inconvenante : que l'exigence internationale puisse être répressive et que des armées nationales, affirmation la plus

brutale du nationalisme guerrier, puissent se réclamer de la nécessité révolutionnaire, telle que la suppose le processus communiste mondial. Seule la parole – et encore une parole qui n'est jamais donnée, mais est à rechercher – peut porter la raison internationale à partir des structures qui la rendent possible. La pratique internationale est celle d'un langage qui cherche, parfois violemment, son espace commun dès que les forces productives, dans leur décalage avec les rapports de production, l'ont délimité en faisant de cet espace le jeu des forces sociales en lutte ou encore en le proposant au travail de la politique et de l'idéologie.

3. Admettons (hypothèse qui relève de la plus médiocre spéculation journalistique et non pas d'une « solide analyse ») que la Tchécoslovaquie, comme le prétend Castro, fût menacée de tomber « entre les mains du capitalisme ». Le principal moyen, sinon de l'y précipiter, du moins de retarder indéfiniment la progression communiste, est d'identifier le socialisme et la répression militaire et, par voie de conséquence, le non-socialisme et une certaine forme d'indépendance.

4. La politique d'État de l'Union soviétique est une combinaison sans principe de stratégie de grande puissance (la politique du glacis, la juste inquiétude vis-à-vis des autres puissances) et de prétention idéologique. Il en résulte que l'Union soviétique se sert de l'internationalisme qu'elle ose appeler « prolétarien » pour des fins qui le contredisent et par des moyens qui le ruinent.

5. La notion de « stalinisme », le système que cette notion supporte, le caractère moral qui y est impliqué (les perversions d'un individu surpuissant) ne doivent pas nous dispenser de tout effort d'explication pour rendre compte de l'état de choses, chaque fois que se produit une « altération de l'idéal révolutionnaire ». Il est seulement clair que la Révolution n'a jamais lieu une fois pour toutes. Dès qu'elle a eu lieu, la lutte par laquelle elle se maintient risque de l'éloigner d'elle-même, empêchant toute progression linéaire de son mouvement.

6. La Révolution est terrible. Mais l'invasion soldatesque n'est en rien assimilable à ce qu'a de nécessairement démesuré – d'impossible – la Terreur révolutionnaire, lorsque celle-ci est appelée à déranger et à transgresser toute loi. Les armées napoléoniennes libéraient les peuples en se soumettant les gouvernements, puis soumettaient les peuples au nom de l'universelle liberté couronnée, « l'âme du monde » passant et repassant à cheval sous les fenêtres du Philosophe. Nous sommes ici très en retrait par rapport à l'idéologie jacobine. Pensons que nombreux sont les communistes (soviétiques, polonais, hongrois, bulgares, est-allemands), surtout s'ils font partie des forces d'occupation, qui se sont sentis atrocement rejetés, par le rôle d'oppresseurs qu'on leur a fait jouer, de la possibilité révolutionnaire à laquelle, comme les Tchèques et comme nous, ils ont consacré leur droit de vivre et de mourir.

7. La résistance tchécoslovaque ne doit pas être

entendue comme une résistance nationale, mais comme une résistance révolutionnaire. Tout doit être fait pour que ce sens lui soit conservé, particulièrement ici, dans la mesure où nous saurons utiliser contre l'oppression gaulliste et capitaliste les moyens de lutte dont elle nous rappelle la prodigieuse efficacité de subversion.

8. Le processus de libéralisation en cours depuis janvier 1968 en Tchécoslovaquie offre des risques, cela ne saurait être nié. La remise en cause, par la parole libérée, d'un ordre prématurément fixé et policièrement imposé sous le faux titre de socialisme peut tendre, soit à un libéralisme facile avec pour avenir la société bourgeoise du passé, soit à une dissolution d'État pour une explosion révolutionnaire. Ces risques, l'URSS n'accepte pas de les courir. Elle est idéologiquement faible, c'est pourquoi elle recourt à la force militaire. Castro sait cela. Il sait aussi que, Cuba serait-il situé géographiquement aux frontières de la Russie, Cuba serait depuis longtemps « libéré » de Castro. Alors, pourquoi un tel jugement ? Confond-il, par une étrange aberration, guérilla et guerre, intervention militaire et violence révolutionnaire ? Camarade Castro, ne creuse pas ta propre tombe et si, par la fatigue naturelle du pouvoir, tu es tenté de t'y laisser glisser, laisse-nous écrire sur les murs de La Havane, comme cela fut écrit magnifiquement sur les murs de Prague : LÉNINE, RÉVEILLE-TOI !

LA REDDITION IDÉOLOGIQUE

La force est d'État. Elle a pour elle le droit, la légitimité dont elle se garantit pour garder le monopole de tous moyens de domination. La violence est soit individuelle, soit populaire, soit de classe. La violence devient révolutionnaire, chaque fois qu'elle tend idéologiquement à la rupture, ébranlant un ordre de privilèges et un pouvoir d'inégalité.

Il y a eu trois manifestations de force dans l'histoire de la Tchécoslovaquie : 1) la menace, les armées soviétiques manœuvrant en territoire « ami » ; 2) l'agression déclarée, l'invasion militaire, l'occupation en armes ; 3) le traité meurtrier de Moscou, la contrainte acceptée, c'est-à-dire le consentement à l'intolérable : finalement la reddition idéologique (l'autocritique de certains dirigeants tchèques, atténuée il est vrai par la franchise d'autres déclarations), laquelle, même si elle est privée de toute crédibilité, contribue à détruire la possibilité du langage en faisant de celui-ci la prise de guerre de la puissance.

Le pire est évidemment là. L'État soviétique est sans force malgré sa force aussi longtemps qu'il ne peut glacer la parole révolutionnaire, la détériorer en soumettant à la morale servile sa liberté hasardeuse. Le reste n'est presque rien : c'est le charnier héréditaire.

LA CLANDESTINITÉ
À CIEL OUVERT

Dans le manifeste des 2 000 mots que certains d'entre nous ont critiqué, il y avait cette phrase : « **Tout de même nous parlons.** » Ce mouvement d'une parole possible aurait suffi à établir entre le Mai de Prague et le Mai de Paris des rapports d'ardeur et de rigueur. La même parole, infinie, immaîtrisable, a parlé depuis par les radios clandestines, s'est inscrite sur les murs, dans les arbres, sur les vitrines des boutiques, dans la poussière des chemins, sur les chars russes, parlant actuellement par le silence qui la laisse filtrer. Qu'elle n'ait pu être supportée par l'État sans langage, l'État soviétique, pas plus qu'elle n'a été supportée par l'État qui prétend monopoliser le langage, l'État gaulliste, c'est dans la règle. Et, comprenons-le bien, il ne s'agit pas de la simple liberté de la presse. C'est tout autre chose qui est en jeu : un mouvement démesuré, irrépressible, incessant, l'élan d'une parole d'**outrage**, parlant toujours au-delà, dépassant, débordant et ainsi menaçant tout ce qui borde et tout ce qui limite ; la parole même qui transgresse. En rien assimilable à cette procédure du « dialogue » que la sottise ou l'hypocrisie libérale propose comme le fin du fin du pouvoir libre, alors que le dialogue, dans sa structure binaire, destinée à la convenance d'un échange de compromis, tend à égaliser dans l'indifférence une parole de pluralité qui doit toujours rester différente, parlant à partir de la différence, et jusqu'à la rupture, cela sans arrêt, toujours à nouveau.

Les résistants tchécoslovaques ont dit que, durant les jours où ils n'eurent d'autre loi que la puissance militaire ennemie, jamais ils ne furent, par la parole, par l'écriture, plus libres. Cette liberté face à l'ennemi, dans la clandestinité à ciel ouvert, qu'elle soit désormais la nôtre avec eux.

CONSEILS AUX GENS DE LA RUE

VOUS LE SAVEZ À PRÉSENT : LA POLICE SE TRAVESTIT EN CIVIL. ELLE HABILLE SES JEUNES POLICIERS « EN PULL-OVER À COL ROULÉ ET EN BLUE-JEANS ». CES TRAVESTIS QUI SE FONT PASSER POUR DES ÉTUDIANTS OU DES CHÔMEURS NE SE CONTENTENT PAS D'ÉCOUTER, DE MOUCHARDER : ILS PROVOQUENT À MANIFESTER, AUX ENDROITS ET À L'HEURE OÙ D'AUTRES POLICIERS EN CIVIL, AUPRÈS DE CARS « BANALISÉS », ATTENDENT POUR ACCOMPLIR LEUR RAFLE. D'ABORD ILS DÉFILENT AVEC LES MANIFESTANTS, PUIS ILS COGNENT. SACHEZ-LE, CES POLICIERS TRAVESTIS N'ONT LÉGALEMENT AUCUN DROIT SUR VOUS. S'ILS COGNENT, COGNEZ. RENDEZ COUPS POUR COUPS. DÉFENDEZ-VOUS. CE SONT LES HOMMES DE MAIN DU POUVOIR. SI VOUS LEUR LAISSEZ LA RUE, SI VOUS TOLÉREZ CES PRATIQUES QUI NE SONT EN USAGE QUE DANS LES RÉGIMES DÉCLARÉS DE DICTATURE, VOUS VOUS RÉVEILLEREZ UN JOUR DANS UN PAYS QUI SERA UNE PRISON.

LIRE MARX

Chez Marx, et toujours venues de Marx, nous voyons prendre force et forme trois sortes de paroles, lesquelles sont toutes trois nécessaires, mais séparées et plus qu'opposées : comme juxtaposées. Le disparate qui les maintient ensemble désigne une pluralité d'exigences à laquelle, depuis Marx, chacun, parlant, écrivant, ne manque pas de se sentir soumis, sauf à s'éprouver manquant à tout.

1. La première de ces paroles est directe, mais longue. Parlant en elle, Marx apparaît comme « écrivain de pensée », en ce sens qu'issue de la tradition, elle se sert du logos philosophique, s'aide de noms majeurs empruntés ou non à Hegel (c'est sans importance) et s'élabore dans l'élément de la réflexion. Longue, si toute l'histoire du logos se réaffirme en elle ; mais directe à un double titre, car non seulement elle a quelque chose à dire, mais ce qu'elle dit est réponse, s'inscrit sous forme de réponses, ces réponses formellement décisives, données pour ultimes et telles

qu'introduites par l'histoire, elles ne peuvent prendre valeur de vérité qu'au moment d'arrêt ou de rupture de l'histoire. Donnant réponse – l'aliénation, la primauté du besoin, l'histoire comme processus de la pratique matérielle, l'homme total –, elle laisse cependant indéterminées ou indécises les questions auxquelles elle répond : selon que le lecteur d'aujourd'hui ou le lecteur d'hier formule différemment ce qui, d'après lui, devrait prendre place dans une telle absence de question – comblant ainsi un vide qui devrait être plutôt et toujours davantage évidé –, cette parole de Marx s'interprète tantôt comme humanisme, voire historicisme, tantôt comme athéisme, antihumanisme, voire nihilisme.

2. La deuxième parole est politique : elle est brève et directe, plus que brève et plus que directe, car elle court-circuite toute parole. Elle ne porte plus un sens, mais un appel, une violence, une décision de rupture. Elle ne dit rien à proprement parler, elle est l'urgence de ce qu'elle annonce, liée à une exigence impatiente et toujours excessive, puisque l'excès est sa seule mesure : ainsi appelant à la lutte et même (ce que nous nous empressons d'oublier) postulant « la terreur révolutionnaire », recommandant « la révolution en permanence » et toujours désignant la révolution non pas comme une nécessité à terme, mais comme **imminence**, car c'est le trait de la révolution de ne pas offrir de délai, si elle ouvre et traverse le temps, se donnant à vivre comme exigence toujours présente.

3. La troisième parole est la parole indirecte (donc la plus longue) du discours scientifique. À ce titre, Marx est honoré et reconnu par les autres représentants du savoir. Il est alors homme de science, répond à l'éthique du savant, accepte de se soumettre à toute révision critique. C'est le Marx qui se donne pour maxime : **de omnibus dubitandum**, et déclare : « J'appelle "vil" un homme qui cherche à accommoder la science à des intérêts qui lui sont étrangers et extérieurs. » Pourtant, **Le Capital** est une œuvre essentiellement subversive. Elle l'est moins parce qu'elle conduirait, par les voies de l'objectivité scientifique, à la conséquence nécessaire de la révolution que parce qu'elle inclut, sans trop le formuler, un mode de penser théorique qui bouleverse l'idée même de science. La science ni la pensée ne sortent en effet intactes de l'œuvre de Marx, et cela au sens le plus fort, pour autant que la science s'y désigne comme transformation radicale d'elle-même, théorie d'une mutation toujours en jeu dans la pratique, ainsi que, dans cette pratique, mutation toujours théorique.

Ne développons pas ici davantage ces remarques. L'exemple de Marx nous aide à comprendre que la parole d'écriture, parole de contestation incessante, doit constamment se développer et se rompre sous des formes **multiples**. La parole communiste est toujours **à la fois** tacite et violente, politique et savante, directe, indirecte, totale et fragmentaire, longue et presque instantanée.

Marx ne vit pas commodément avec cette pluralité de langages qui toujours se heurtent et se disjoignent en lui. Même si ces langages semblent converger vers la même fin, ils ne sauraient être retraduits l'un dans l'autre, et leur hétérogénéité, l'écart ou la distance qui les décentrent les rendent non-contemporains et tels que, produisant un effet de distorsion irréductible, ils obligent ceux qui ont à en soutenir la lecture (la pratique) à se soumettre à un remaniement incessant.

Le mot « science » redevient un mot-clé. Admettons-le. Mais rappelons-nous que s'il y a des sciences, il n'y a pas encore de science, car la scientificité de la science reste toujours sous la dépendance de l'idéologie, une idéologie que nulle science particulière, fût-elle science humaine, ne saurait réduire aujourd'hui, et d'autre part rappelons-nous que nul écrivain, fût-il marxiste, ne saurait s'en remettre à l'écriture comme à un savoir, car la littérature (l'exigence d'écrire, lorsqu'elle prend en charge toutes les forces et formes de dissolution, de transformation) ne devient science que par le même mouvement qui conduit la science à devenir à son tour littérature, discours inscrit, cela qui tombe comme de toujours dans « le jeu insensé d'écrire ».

LETTRE À UN REPRÉSENTANT DE LA RADIOTÉLÉVISION YOUGOSLAVE

Cher I. B.,

Par amitié pour le peuple yougoslave et par reconnaissance pour son effort propre de libération, je voudrais ne pas laisser tout à fait sans réponse votre demande d'éclaircissement. Et d'abord dire ceci : quelles qu'en soient les conséquences politiques immédiates (lesquelles ont finalement peu d'importance), ce qui s'est passé est tel que, ni du point de vue théorique, ni du point de vue pratique, l'existence ici et ailleurs ne se retrouvera la même.

Durant tout ce mois de mai, la révolution *a eu lieu* comme *possible*, et elle aurait eu lieu comme réelle (momentanément réelle), si le Parti communiste français (par là, j'indique l'organisation et l'appareil), en se dérobant à sa tâche par peur de faire peur et parce que le mot communisme lui fait peur à lui-même, n'avait tout fait pour arrêter le mouvement et contribuer à réinstaller le pouvoir gaulliste qui tombait en ruine et, avec lui, la société qu'il représente.

Ici, laissez-moi vous dire quelle erreur déplorable et idéologiquement désastreuse les États de l'Est – et en premier lieu les dirigeants soviétiques – ont commise sur de Gaulle et le régime gaulliste. Ce régime, pour nous intellectuels communistes, représente ce qu'il y a de pire : depuis dix ans, il nous impose un état de mort politique, supprimant toute vie politique réelle, n'ayant d'autre visée qu'un nationalisme aberrant, le réveillant non seulement en France, mais en Allemagne, prétendant à une grandeur anachronique et moralement abjecte, maintenant un système économique d'exploitation et d'oppression, confisquant enfin au profit d'une seule personne extraordinairement autoritaire et arrogante toute possibilité de parole et de décision véritable. (Car si le droit à la parole nous était apparemment laissé, c'était à la condition que ce droit fût sans effet.)

Durant dix ans, nous avons subi cet état de mort politique et de Gaulle lui-même n'a rien été d'autre que le délégué de cette mort, le représentant d'un néant à la fois distingué et vulgaire.

D'un côté, la mort politique ; de l'autre, un état de guerre latent. Car, durant tout ce temps, dans la société française, dite de bien-être, admirée (comme c'était dérisoire) par les peuples à la recherche du socialisme, toutes les forces progressistes représentées par l'ensemble des travailleurs, des étudiants et des intellectuels n'ont cessé de vivre en état de guerre, en dissidence avec la fausse loi imposée, introduite il y a dix ans par un coup de force militaire et maintenue en ce moment même par la menace de l'armée.

Que l'immense contrainte subie consciemment et inconsciemment par les forces nouvelles – celles de la jeunesse ouvrière et étudiante – ait donné lieu, avec une soudaineté prodigieuse, à ce mouvement de soulèvement, on pouvait s'y attendre, sans être à même certes de le prévoir exactement : mouvement d'un dynamisme, d'une puissance d'invention politique extraordinaires, mouvement à la fois de liberté et de refus. Le moment n'est pas venu d'en désigner les caractères, de le nommer, c'est-à-dire de le restreindre en le privant de sa force de présence. Mais ce qu'il faut rappeler à nos amis de l'Est, c'est que s'il constitue un mouvement global de contestation de la société bourgeoise, c'est en premier lieu la rupture avec le pouvoir et la société gaullistes qu'il a affirmée d'une manière éclatante, et qu'il poursuit, poursuivra par tous moyens. De là aussi qu'un de ses premiers caractères soit d'être antinationaliste, renouant avec la pratique internationaliste et affirmant ou réaffirmant l'importance essentielle de l'exigence internationale, malheureusement méconnue depuis des décennies par les partis communistes traditionnels. Ce mouvement est un mouvement de rupture radicale, violent certes, mais d'une violence très maîtrisée et, dans sa finalité, communiste, tout en mettant en cause, par une contestation incessante, le pouvoir et toutes les formes de pouvoir. Il apparaît donc essentiellement comme un mouvement de refus, se gardant de toute affirmation ou programme prématurés, parce qu'il pressent que, dans toute affirmation telle que peut la formuler un discours nécessairement aliéné ou faussé, il y a le risque d'être récupéré par le système établi (celui des sociétés capitalistes industrielles), système qui intègre tout, y compris la culture, fût-elle « d'avant-garde ».

Bien entendu, et je me contente de le rappeler, le trait bouleversant de l'événement, et qui le distingue de tous les autres mouvements analogues, c'est que ce soulèvement d'étudiants ait pu, spontanément, brusquement, dans une société apparemment tranquille et satisfaite, provoquer une crise sociale révolutionnaire, crise qui s'est traduite par cette grève sauvage *active*, mobilisant et immobilisant dix à douze millions de travailleurs, et cela malgré les dirigeants syndicaux, malgré les conseils de tous les partis d'opposition. En quelques jours, toute une société moderne est entrée en dissolution ; la grande Loi a été ébranlée ; la grande Théorie s'est effondrée ; la Transgression fut accomplie et par qui ? Par une *pluralité* de forces échappant à tous les cadres de la contestation, venant à proprement parler de *nulle part*, insituées insituables. Voilà, je crois, ce qui est décisif.

À vous.

N'ayons pas l'esprit de drapeau.

Brandir le drapeau rouge, c'est encore exalter un morceau du drapeau français (déchiré, il est vrai).

Brandir le drapeau noir : un morceau du drapeau allemand.

Agitons le rouge, le noir, soit, mais pour provoquer ou pour terroriser et non pas pour rassembler.

LA DIALECTIQUE
DE LA RÉPRESSION

Comment le pouvoir gaulliste a-t-il rendu compte des événements de Mai ? Par deux explications contradictoires, cependant toujours soutenues ensemble et que seule rend cohérentes l'idéologie non formulée. Il y a eu d'abord ce cri : *C'étaient des voyous* ; le cri du cœur. Nous sommes là dans les bas-fonds intellectuels du gaullisme où cohabitent de Gaulle (chienlit), la bêtise féroce (Poujade, Vivien, Fanton) ou des simples comme Fouchet.

Puis il y a l'explication destinée à alerter la part maladive qui veille et s'éveille en tout possesseur d'un pouvoir, chaque fois que ce pouvoir se sent incompréhensiblement ébranlé : *Ce fut un complot organisé par une puissance internationale.* Pompidou a dit cela, ainsi que Grimaud, et de Gaulle encore.

Certes, rien n'est plus inintelligent, d'une médiocrité presque prodigieuse. Et puis, il faudrait choisir : ou bien ce fut la pègre, ces célèbres « incontrôlés », racaille des pavés, délinquants repris de justice, asociaux, Katangais, êtres sans lois, incapables de discipline, rebelles à toute organisation, merveilleusement inorganisables. Et alors comment soutenir la thèse de la conjuration internationale, laquelle suppose au moins des groupes armés, fortement entraînés, rigoureusement disciplinés, destinés à contrôler et « enrégimenter » les masses ?

Cependant, ces deux thèses ont leur signification et il faut s'y attarder. Les voyous, les garçons aux « mains sales », aux cheveux longs, à l'accoutrement insolite, ce sont les êtres d'une autre espèce : jeunes au surplus, c'est-à-dire doublement étrangers. Ils font peur parce qu'ils sont autres. De plus, ils représentent la rue, et la rue, lorsqu'elle parle, est terrible. C'est le lieu de la liberté et peut-être de la souveraineté. Or de Gaulle – il faut le dire – a peur de la rue. Et le mot « peur » est ici intellectuellement et physiquement justifié : de Gaulle a eu peur en Mai. À partir de là, quoi qu'il fasse, il aura toujours peur, de cette peur raciste qui conduit à l'extermination de *l'autre*, toujours considéré comme sans lieu, sans droit, dévoyé : voyou.

L'autre thème est celui que met en action le délire paranoïaque. Il est tout à fait sûr que le système gaulliste est rentré dans la phase active de la psychose. Que de Gaulle et ses ministres croient ou non à la thèse d'un sombre complot mystérieusement organisé de l'extérieur (Baumel faisant interrompre les vols pour Cuba et mettant ainsi le gaullisme à la remorque de Johnson), c'est sans importance : son système y croit. Et un système est puissant, un système organise l'agressivité par un délire qui a toujours tout expliqué en raison et qui finit en effet par obliger la réalité à s'organiser à son tour pour lui répondre. Le mythe du complot, créé de toutes pièces à partir des difficultés d'un Moi malade (malade de s'être senti soudain inférieur, méprisé, ridicule aux yeux de tous et pendant quelques jours presque effondré), conduit à des mesures policières et judiciaires. Ainsi (sans aucun effort d'imagination) en vient-on à prononcer la dissolution de petits groupes d'opposition dont certains même n'existent pas ou n'existent plus depuis plusieurs années. C'est que, dit Marcellin, « il faut fonder la possibilité légale du délit ». Autrement dit, la loi n'est destinée qu'à créer le « crime », à le faire sortir de l'imaginaire. C'est la démarche paranoïaque. La paranoïa sociale ou individuelle, par les réactions irrégulières du sujet atteint, circonscrit un espace où tout prend un air d'irrégularité, où tout geste, toute parole, toute façon d'être attire le soupçon.

Suivons le développement du processus psychotique. Au début, le gouvernement est encore timide ; il dit : le décret n'entraînera aucune inculpation ; tout de même on perquisitionne, on ferme les locaux et puis on arrête (Frank, notamment) ; on garde à vue ; et surtout on s'en prend aux étrangers : « l'étranger » est la victime de choix du paranoïaque, il n'est pas comme les autres, il ne parle pas comme les autres, il « intrigue », ce qui veut bientôt dire qu'il fait partie d'une intrigue, donc d'un terrible complot. Là où l'on poursuit l'étranger, soyons sûrs qu'est entrée en action la puissance du délire persécuteur. Et puis les choses vont très vite. De l'organisation dissoute à l'organisation qui se reconstitue, il n'y a que la nuance du soupçon. Les membres de groupuscules inexistants, une fois qu'ils ont été fichés (et les occasions de ficher ont été innombrables ces temps-ci, les interpellations au cours des manifestations n'ayant jamais eu d'autre but ; ce mot même d'« interpellation » est significatif : je t'interpelle, je te désigne, je te dénonce, tu es désormais et à jamais inscrit quelque part sur mon registre), n'ont évidemment aucun moyen de prouver qu'ils ont cessé d'appartenir à une organisation qui n'existe pas comme telle. Si par malheur il arrive à celui-ci de quitter son domicile, c'est la preuve : c'est un clandestin (déclarations de Pompidou contre les clandestins). S'il se conduit normalement, *continuant* de rencontrer ses habituels amis et, à la rigueur, de dire ce qu'il pense, alors c'est pis, c'est l'aveu : il continue ; voilà à la lettre le délit. On l'arrête donc. Et aussitôt la société *s'agite* ; des informations mystérieuses se diffusent ; un juge se met au travail ; les bonnes âmes protestent ; certains protestataires vont jusqu'à manifester ; la police cogne, arrête à nouveau, fiche. D'où cette conclusion : il y avait tout de même « quelque chose », puisqu'on en parle. C'est l'éternelle et pauvre folie. Comment désormais cesser d'être Krivine ? Comment cesser d'être juif ?

La dialectique de la répression policière se développe selon une méthode bien connue. Elle a sa puissance propre d'organisation, ce qui signifie que, quelles que soient les intentions de départ, elle est exactement faite pour organiser n'importe quelle réalité sociale et politique en ce complot qu'ensuite elle dénonce. Tout est signe, tout fait preuve. Si, au cours d'une perquisition, on découvre *Granma*, le journal cubain, c'est donc bien que Cuba est du complot. Tout carnet d'adresses est suspect, de même qu'il suffit que Krivine serre la main d'un passant pour que celui-ci soit aussitôt interpellé, gardé à vue, étiqueté : après quoi, si on le relâche, il est toujours surveillé, rendant suspectes à son tour ses relations ; c'est l'épidémie galopante. Mais il y a, dans la maladie, une complication décisive, indiquant, par un double développement, l'approche du moment critique. Désignons brièvement ce double symptôme : a) l'envahissement de la rue par les policiers en civil ; b) la relève de la police, et en collaboration avec elle, par les « patriotes de l'action civique ». À partir de là, tout va encore plus vite. N'importe qui soupçonne n'importe qui. La paranoïa du pouvoir, celle de la police et de la justice mettent en branle les innombrables petits délires privés que les grands événements ont d'abord réprimés, puis mis au jour. Désormais la vie quotidienne change. La police est dans la rue, sans rien qui la distingue ; cela veut dire : elle est partout, d'autant plus visible qu'elle se veut invisible ; et regardez bien, vous la découvrirez aux abords des cinémas, en face des drugstores, au mieux dans les cafés de tel ou tel quartier, parfois même dans les musées (car les clandestins sont réputés s'y réunir), et finalement la police c'est vous. Car, ce qui ne manque pas d'arriver, c'est que, lorsque la police se met en civil, les civils – ceux qui ont partie liée avec le pouvoir et sont officiellement reconnus, constitués par eux – se font policiers (se souvenir de ce que Sartre a justement nommé « l'appel au meurtre » du général de Gaulle : « Au sommet, c'est la politique de la lâcheté, mais en même temps on lance à la base un appel au meurtre, car l'appel de De Gaulle à la création des comités d'action civique, c'est exactement cela... Le vieillard... a vu rouge, et a dit à ses partisans : FINI DE RIRE, MAINTENANT COGNEZ. » *Le Nouvel Observateur*, p. 27, n° daté du 19 juin). Or, ces civils spécialisés s'organisent à leur tour. Certains vont travailler dans les milieux étudiants : ils écouteront, tiendront des cahiers de surveillance, parfois provoqueront (l'extraordinaire extension du terme « provocateur » est l'un des phénomènes marquants de la maladie en cours). D'autres se mettent en rapport avec les sections spéciales de la police ; on les appelle « les sportifs », et comme certaines compagnies de la police sont constituées par des moniteurs spécialement entraînés aux disciplines violentes, le mélange se fait aisément. Enfin, les SAC ou CDR cherchent à recruter des militants dans la police même. Le stratagème est excellent. Les policiers, devenus militants, ne se sentent plus tenus par les directives de leurs chefs, s'il arrive que celles-ci mettent en garde contre certains procédés : commettent-ils des « excès regrettables », c'est par pure passion civique et sans compromettre la police régulière ; mais, en même temps, ils disposent de tous les renseignements et de tous les armements des organismes officiels. Notons toutefois qu'un bon nombre de policiers, ne serait-ce que par esprit de corps, désapprouvent ce mélange (cela s'est vu) et dénoncent ces pratiques qu'ils appellent eux-mêmes fascistes.

Concluons sans conclure. Il y a la grande paranoïa : c'est celle de la raison comme telle, de la raison qui déraisonne en tant que fanatisme de la raison, voulant tout mettre à la raison, faire rendre raison à tous et réduire tout, le tout, à la raison. Il y a la paranoïa des vieillards : elle est plus fragile, moins systématique, péniblement branlante, sénile par la répétition des thèmes. Ce n'est pas diffamer de Gaulle que de constater qu'il est très vieux et que la société qu'il représente est très vieille. Mais la paranoïa d'État est toujours puissante, et le système qui l'organise ignore ses limites. C'est donc à nous de choisir : nous servirons-nous de la répression en développement pour l'obliger à s'étendre et ainsi à faire mieux apparaître toutes les fonctions répressives

– tolérantes, non tolérantes – de la société en exercice ? Ou bien répondrons-nous à la paranoïa qui toujours se prend excessivement au sérieux, par la stratégie du non-sérieux, par l'ébranlement d'un jeu échappant même à l'esprit du jeu ou encore entrerons-nous en guerre, une guerre certes toute nouvelle et dont le pouvoir ne soupçonne même pas les règles ? Voilà une question. Qu'on ne s'attende pas – et telle est notre contribution au mythe du complot mystérieux – à trouver ici, en clair, la réponse.

COMITÉ D'ACTION
ÉTUDIANTS-ÉCRIVAINS

Le Comité d'action étudiants-écrivains vous adresse un exemplaire du numéro 1 du bulletin qu'il publie sous le nom de COMITÉ.

Comme vous le verrez, ce bulletin ne se borne pas à exprimer les activités du Comité qui le publie, il voudrait offrir un espace de réflexion, de recherche, d'affirmation à tous ceux pour qui le mouvement de Mai, en rapport avec le mouvement international de libération des hommes et des pensées, constitue une espérance ou une affirmation, c'est-à-dire aussi une responsabilité nouvelle ou renouvelée.

Nous vous demandons, en conséquence, si vous approuvez cette orientation, et même si vous critiquez certaines des formes que, avec tous, nous cherchons à lui donner, d'abord de nous aider en vous ABONNANT à la publication (nous sommes, inutile de le souligner, sans ressources), puis en collaborant par des remarques, des informations, des textes, des suggestions, des interrogations. Si vous êtes d'accord sur l'essentiel (l'essentiel du

Mouvement est son exigence de radicalité, mais aussi sa pluralité, sa revendication de ne rien exclure là où il s'agit d'exclure tout pouvoir établi), faites-vous connaître de nous, faites connaître le bulletin, soutenez-nous.

Le Mouvement est le vôtre. Cela veut dire : il n'appartient à personne.

Adresser la correspondance à : Solange Leprince, 1 rue de l'Université, Paris VIIe.

C.C.P. : Michèle Muller 23651-19-Paris.

P.-S. Pour les amis étrangers : prière de bien vouloir nous adresser toute documentation sur l'activité de votre organisation ou groupement.

Le Comité d'action étudiants-écrivains souhaite avertir les hommes libres de ce pays et des autres pays qu'en interdisant la revue *Tricontinental*, revue purement idéologique qui du reste ne traite d'aucune question spécifiquement française, mais des problèmes concernant l'Amérique, l'Asie et l'Afrique, le régime gaulliste a fait un nouveau pas dans la répression. C'est désormais la liberté de réflexion politique, la liberté de parole et d'écriture qui est directement et manifestement visée.

Et en voici la preuve : pour essayer de justifier l'interdiction, le ministère de l'Intérieur ouvre « une information pour provocation, *non suivie d'effet*, aux crimes d'incendies volontaires, d'homicides volontaires et d'attentats par explosifs ». Relisons bien cette proposition de délit. Elle est telle qu'elle doit rendre impossible la publication ou nécessaire la destruction de tout texte de critique radicale, à commencer par les œuvres de Marx, Bakounine, Trotsky, Mao Tsé-toung, et, à plus forte raison, les textes ou discours de Fidel

Castro, Guevara, Fanon (et c'est précisément un texte de Guevara qui fournit, semble-t-il, un prétexte à l'interdiction). Que dit le *Manifeste* de Marx ? *Les communistes déclarent ouvertement que leurs fins ne sauraient être atteintes sans le renversement VIOLENT de tout l'ordre social.* Texte évidemment intolérable, puisqu'il propose la violence comme principal moyen de libération et comme seule réplique à l'immense force oppressive de la société établie. Et, de même, les mots « lutte de classes », « guerre de classes », « guérilla », s'ils sont pris comme il faut au sérieux, doivent vouer les trois quarts des bibliothèques à l'incendie pénal.

Sur le régime gaulliste, nous n'avons jamais eu, et à aucun moment, d'illusion. Nous savons que ce qu'il appelle loi, c'est son arbitraire propre et ce qu'il appelle ordre public, c'est le monopole qu'il entend garder de toutes les formes de violence dont il a besoin pour assurer sa survie, que cette violence soit ouverte ou qu'elle soit camouflée. Nous savons que, lorsqu'il envoie la police chez les imprimeurs pour les intimider et les détourner de publier les bulletins d'opposition, c'est naturellement pour faciliter la manifestation des opinions libres, et nous savons que, lorsque sont poursuivis, arrêtés, matraqués ceux qui diffusent ces bulletins, journaux ou revues d'opposition, c'est par grand souci de la liberté idéologique. Nous savons tout cela, mais il y a, en France et hors de France, peut-être encore des hommes qu'abusent la prétention au libéralisme et le langage pompeux des gens en place. Nous leur disons : CE RÉGIME EST PRÊT À TOUT POUR SE DÉFENDRE. Le capitalisme n'aime pas révéler son vrai visage. Mais lorsqu'il se sent en danger, il devient féroce. Aujourd'hui, la diffusion des tracts est empêchée, comme est interdite la publication de certaines revues. Demain, c'est le pouvoir de grève qui sera réprimé ou supprimé, car, puisque, selon l'ordre de De Gaulle, il est interdit de *scandaliser les gens sensés*, l'on décrétera qu'est parfaitement scandaleuse cette liberté que les travailleurs ont conquise comme leur premier droit de cesser leur travail et, donc, de gêner les patrons, diminuer les surprofits, mettre en péril le franc capitaliste, en d'autres termes de précipiter la lutte civile et, par elle, la chute du régime.

Tout se tient. L'obscur vendeur de journaux que la police poursuit en le menaçant de mort (cela s'est entendu récemment), parce qu'il distribue paisiblement des tracts à un carrefour, est aussi l'ouvrier qu'on licencie ou qu'on brime parce qu'il déplaît politiquement au patron et, aussi bien, l'intellectuel dont on limite le droit d'expression ou l'enseignant qu'on rappelle à l'ordre parce que son objectivité n'est pas celle du gouvernement. La tâche essentielle est désormais : mettre en commun nos forces, nos droits, nos exigences. L'adversaire est le même, l'objectif est le même. Il faut donc que la stratégie de lutte soit aussi commune, élaborée, appliquée et poursuivie EN COMMUN.

MAI, RÉVOLUTION
PAR L'IDÉE

Mai, révolution par l'idée, le désir et l'imagination, risque de devenir un pur événement idéal et imaginaire, si cette révolution ne donne pas lieu, renonçant à elle-même, à une organisation et à une stratégie nouvelles.

Autrement dit, le « mouvement » (pour autant que ce terme a un sens et ne dissimule pas une immobilité agitée), au lieu de s'abriter dans la contestation universitaire, doit chercher à s'exprimer par une *lutte principalement sociale*, une lutte toujours collective intéressant toutes les catégories opprimées, mobilisant toute l'énergie populaire – où tout donc doit être fait pour que s'articulent jusqu'à la rupture les conflits que la société moderne a toujours dérobés et qui sont désormais la réalité publique quotidienne. Lutte extrêmement difficile, *d'où doivent être écartées les petites actions isolées*, toutes les initiatives *qui ne tendent qu'au spectacle* et ne sauraient être reprises par l'ensemble des classes en lutte, combat d'autant plus difficile que, d'une certaine manière et sur le plan de la représentation, l'issue victorieuse est déjà intervenue sans avoir pu politiquement et institutionnellement se concrétiser, parce que l'enjeu dépassait et de beaucoup les habituelles possibilités politiques.

Le premier danger, donc, à éviter, c'est que le mouvement puisse paraître se spécialiser en mouvement étudiant, se localise dans les facultés et les lycées. Quelle a été sa force en Mai ? C'est que, dans cette action dite étudiante, jamais les étudiants n'ont agi comme étudiants mais comme révélateurs d'une crise d'ensemble, comme porteurs d'un pouvoir de rupture mettant en cause le régime, l'État, la société. L'Université n'a été qu'un point de départ, n'y cherchons pas un refuge par facilité, complaisance et habitude. Préparons-nous et organisons-nous pour d'autres combats beaucoup plus graves et, sachons-le, probablement beaucoup plus violents pour lesquels il faut patience, discipline, travail de jour, de nuit en vue d'une pratique commune.

CRITIQUE
DU MOUVEMENT

Je crois qu'il est nécessaire d'introduire, au sujet de ce qu'on appelle le mouvement, une interrogation critique radicale. Nécessaire et possible. Nul parti ne supporterait une telle mise en question, surtout s'il s'agit d'un parti dont la lutte théorique et pratique est destinée à transformer le monde. Le Parti communiste, moins qu'aucun autre, parce qu'il croit être le sérieux et l'intransigeance de la loi nouvelle qui exige tout et comprend tout.

1) La faiblesse du mouvement, c'est aussi bien ce qui fut sa force, et sa force est d'avoir réussi prodigieusement, dans des conditions qui ont rendu son succès éclatant, mais sans moyens politiques d'avenir, sans pouvoir d'institution. Le plus grand nombre des observateurs, y compris les commentateurs bienveillants, disent qu'il fut important, mais qu'il a échoué. Cela est faux. Il fut important et il s'est souverainement réalisé. On parle de révolution, terme très équivoque, mais si on en parle, il faut l'accepter et dire : c'est vrai, il y a eu révolution, la révolution a eu lieu. Le

mouvement de Mai a été la RÉVOLUTION, dans la fulgurance et l'éclat d'un événement qui s'est accompli et, en s'accomplissant, a tout changé.

2) Révolution, comme il n'y en eut pas d'autre ; nullement assimilable à tel ou tel modèle. Plus philosophique que politique ; plus sociale qu'institutionnelle ; plus exemplaire que réelle ; et détruisant tout sans rien de destructeur, détruisant, plutôt que le passé, le présent même où elle s'accomplissait et ne cherchant pas à se donner un avenir, extrêmement indifférente à l'avenir possible, comme si le temps qu'elle cherchait à ouvrir fût déjà au-delà de ces déterminations usuelles. Cela a eu lieu. La décision d'une DISCONTINUITÉ radicale et, l'on peut dire, absolue, est tombée, séparant, non pas deux périodes d'histoire, mais l'histoire et une possibilité qui ne lui appartient déjà plus directement.

3) Il faut ajouter : tous les traits qui ont d'apparence marqué ce qu'on a appelé l'échec de Mai furent, au contraire, le signe de l'accomplissement. *Au point de vue des idées*, cela serait facile à montrer. Mais *politiquement aussi* : le régime s'est effondré ; de Gaulle a disparu et d'une manière beaucoup plus ruineuse pour lui-même et pour l'ordre qu'il proclame et prétend maintenir que s'il n'était, en effet, jamais revenu de son voyage d'Allemagne, enterré là-bas quelque part dans la caverne de Frédéric Barberousse ; la victoire électorale du gaullisme, proprement fabuleuse, a justement confirmé, derrière l'illusion et l'apparence

sauvegardées, la ruine de tout le système. Un simple fait : c'est la sécurité politique qu'une telle victoire semblait garantir au parti de l'Ordre, faisant oublier l'ébranlement de l'ensemble, qui a précipité l'effondrement financier que techniquement rien ne justifiait. Nous ne vivons que d'apparences. Tout est faux-semblant. Un autre exemple : la réforme de ce pauvre M. Faure. Réforme de quoi, pour quoi ? Il faut le dire, et les enseignants lucides le savent : il n'y a plus d'Université, il y a un grand et vénérable trou, à peine camouflé, un jeu de cérémonies, traversé de forces parfois sauvages, parfois d'une sauvagerie elle aussi rituelle et spectaculaire. Recteurs, doyens, professeurs, étudiants, contestataires, contre-contestataires, tout cela s'agite pour couvrir le néant, un néant que régissent les règles d'un temps mort.

4) Le fait que Mai a eu lieu, accomplissant son œuvre, c'est cela qui doit être interrogé et qui crée, pour le mouvement même, les plus grandes difficultés, davantage : une sorte d'impossibilité quotidienne qui est chargée de dangers (peut-être de *promesses*). Ces dangers, je n'en énoncerai que quelques-uns, laissant à d'autres le soin de poursuivre ou de contredire l'analyse :

a) La tentation de *répéter* Mai, comme si Mai n'avait pas eu lieu ou *comme s'il avait échoué* et afin qu'un jour ou l'autre il aboutisse. Ainsi voit-on, pauvrement et péniblement, les mêmes procédés d'agitation qui eurent leur sens et leur effet en février-mars-avril s'essayer à nouveau, avec seulement un supplément de gestes et les ressources que les fautes du pouvoir, incapable de pressentir qu'il n'existe plus, mais tout de même discernant son impuissance, procurent inépuisablement.

b) La tentation de *continuer* Mai, sans apercevoir que toute la force d'originalité de cette révolution, c'est de ne fournir aucun précédent, aucune assise et pas même celle de sa propre réussite, puisqu'elle s'est rendue elle-même impossible comme telle, ne laissant que cette trace qui, à la manière de l'éclair, divise tout, ciel et terre. PLUS RIEN NE SERA COMME AVANT. Penser, agir, organiser, désorganiser : tout se pose en d'autres termes, et non seulement les problèmes sont nouveaux, mais la problématique elle-même est changée. En particulier, tous les problèmes de la lutte révolutionnaire, et d'abord de la lutte de classe, ont pris une forme différente.

c) Le pire (mais non le plus dangereux, le plus fatigant seulement), c'est qu'il est en train de se constituer, à partir de la destruction du traditionnel, une nouvelle tradition qu'on respecte et même sacralise. Là aussi, seulement quelques indications : il suffit que soient prononcés certains mots-clés comme spontanéité, autogestion, double pouvoir, action symbolique, assemblée générale libre, comité d'action, pour que le « mouvement » se rassure sur lui-même, certain, alors, de se poursuivre sans manquer à sa vérité d'origine. Et il en est de même pour le prestige (qu'il faut dire inconsidéré) du mot « étudiant », pensé implicitement comme l'équivalent du mot « révolutionnaire » (dont on n'abuse pas moins), au point que n'importe quel remous de faculté, dans quelque point que ce soit dans le monde, fût-ce un pauvre chahut de thèse ou le monôme de Saint-Nicolas, paraisse à certains opposants comme aux tenants de l'Ordre une prodigieuse entreprise de subversion. Et, bien entendu, c'est le bloc au pouvoir, à la fois débile et surautoritaire, hanté par le souvenir de terreur que Mai lui a laissé, qui chaque fois tombe dans le piège de la répétition, s'y enfermant avec ses adversaires et tournoyant avec eux dans un mouvement d'immobilité par lequel tout se répète sans se renouveler, mais par là obligeant la répétition à exhiber sa puissance de mort, puissance morte qui peut à la longue provoquer la dissolution invisible de l'ensemble.

5) Ce ne sont là que des projets de réflexion. La conclusion vers laquelle certains s'orientent, c'est que la révolution de Mai, parce qu'elle a été globale, parce qu'elle a tout changé, a aussi tout laissé intact. Je ne le crois pas, mais à partir de là, je retiendrai une exigence : Prendre bien conscience, et toujours à nouveau, que nous sommes à la fin de l'histoire, de sorte que la plupart des notions héritées, à commencer par celles de la tradition révolutionnaire, doivent être réexaminées et, telles quelles, récusées. La discontinuité que Mai a représentée (non moins que produite) frappe également le langage et l'action idéologiques.

Reconnaissons-le, Marx, Lénine, Bakounine se sont rapprochés et ils se sont éloignés. Il y a un vide absolu derrière nous et devant nous – et nous devons penser et agir sans assistance, sans autre soutien que la radicalité de ce vide. Encore une fois, tout a changé. Même l'internationalisme est autre. Ne nous laissons pas mystifier. Remettons tout en cause, y compris nos propres certitudes et nos espérances verbales. LA RÉVOLUTION EST DERRIÈRE NOUS : objet déjà de consommation et parfois de jouissance. Mais ce qui est devant nous et qui sera terrible n'a pas encore de nom.

A. – Je voudrais ajouter un mot à nos propos d'hier. Je suis désormais convaincu que les « Comités d'action » et en particulier le nôtre ne peuvent pas, ne doivent pas être organisés, et toi-même tu les admires parce qu'ils s'opposent à toute forme d'organisation, bien loin qu'ils puissent nous en proposer une nouvelle. C'est vrai, c'est là leur essence. C'est pourquoi ils ne sont rien en dehors de la présence que constitue chaque réunion, présence qui est toute leur existence, et où il est entendu que la Révolution est, de ce fait, présente : assez analogue à ces séances où l'Esprit se manifeste. Certains Comités sont plus modestes que d'autres, certains acceptent, plus que d'autres, les vieilles habitudes d'organisation politique, mais c'est déjà par trahison. Tu souhaites prendre contact avec d'autres Comités, mais comment ? Les Comités n'existent pas comme tels, il y a, au plus, des gens qui appartiennent – d'une appartenance instantanée – à des Comités, mais ils n'ont nul pouvoir de les représenter, ils ne sont finalement rien qu'eux-mêmes : il faut accepter cela ou bien le refuser, mais ne pas ruser avec ce qui est la vérité essentielle des Comités, avec pour premier trait : la liberté absolue, liberté qui fait que le Comité a beau prendre des décisions, ces décisions ne lient jamais son avenir, de même qu'elles ne lient aucun de ses membres au-delà de la séance, et même durant la séance il est implicitement admis qu'aucun des moments des débats n'a de conséquence inaliénable par rapport à la suite, qu'on peut toujours revenir sur une déclaration, que, même si l'on vote, ce vote peut et doit être annulé par un vote ultérieur – autrement dit que tout y est réversible : c'est pourquoi, aussi, on y aime peu les « textes » qui durent trop et qui figent un devenir, arrêtent et unifient une multiplicité indéfinie. C'est ainsi. Je trouve cela assez beau et grandiose, mais il faut avoir (à mon sens) la lucidité de n'y pas chercher autre chose. Comme je l'ai dit hier (hyperboliquement) nous sommes là comme « à la fin des temps », dans l'attente eschatologique, incarnant une pureté (celle de la pègre), sorte d'éternité d'immanence où le Comité, à la limite, se suffirait dans la conscience de soi. Il arrive que le Comité manifeste : cette manifestation – distribution de tracts par exemple ou communiqué ou apparition dans la rue – n'est rien de plus en effet qu'une « manifestation », le prolongement au-dehors de la vérité « inaliénable » vécue et saisie au-dedans. Mais tu sais tout cela, cher B., comme moi ; je n'ai voulu que me le rappeler à moi-même, rappeler qu'il ne peut pas, sauf par abus ou compromis sans « valeur », y avoir de commission de travail, ni même de permanence : rien d'autre que l'instant de la présence. Cela dit, ne nous décourageons pas, mais ne nous laissons pas mystifier.

LETTRE À JACQUES BELLEFROID, 4 FÉVRIER 1969

Cher Jacques,

Je dois t'écrire au sujet du texte que tu m'as communiqué (le texte sans titre et de trois pages qui commente « Naissance d'un Comité »). Non seulement je le tiens pour inacceptable, mais je juge désormais impossible de participer à un Comité où un pareil texte a pu être conçu, rédigé et proposé. Je veux dire que je ne saurais me contenter d'en rendre responsable l'inconscience de celui qui l'a écrit. Que l'auteur soit un tel ou un tel est de peu d'importance, et je ne peux pas non plus y voir un accident. Pour moi (c'est en cela que consiste la responsabilité de l'anonymat), c'est comme s'il avait été sécrété par le Comité lui-même, écrit par nous tous et par chacun de nous : par moi aussi. Cela m'est insupportable, et je l'entends de la manière la plus forte : je ne puis le supporter ni politiquement, ni affectivement.

Je cesse donc d'exister pour le Comité, comme le Comité cesse d'exister pour moi.

Je te serais reconnaissant de communiquer ce mot à la prochaine réunion (si tu le veux bien et si tu le juges utile).

Maurice Blanchot

LETTRE
À JACQUES BELLEFROID,
7 FÉVRIER 1969

Cher Jacques Bellefroid,

Je ne puis rien ajouter à ce que je t'ai écrit. Comment pourrait-il y avoir un Comité, là où les rapports entre les membres excluent jusqu'au minimum de confiance et d'estime réciproque ? La camaraderie politique est exigeante : elle demande que rien ne soit dit jamais, ni même pensé, encore moins écrit, qui vise l'autre personnellement ; ou bien elle demande franchement que cet autre contre lequel on formule des accusations majeures soit écarté ; ou bien elle s'écarte ; toute autre conduite relève soit de ce libéralisme que tu condamnes, soit des groupes apolitiques où l'on peut dire, faire n'importe quoi sans conséquences. Le texte en question a donc seulement dévoilé, mais de la manière la plus pénible (en le lisant, j'avais le sentiment d'aider à matraquer des camarades), que plus rien ne subsistait du Comité où nous avions essayé, les uns et les autres, de travailler pour un but et contre un ennemi commun.

Attendons que ce combat nous rende la possibilité de nous rencontrer à nouveau anonymement : la seule vraie.

Maurice Blanchot

En effet, les textes que j'ai donnés ne m'appartiennent plus, à supposer qu'ils m'aient jamais appartenu, mais ils n'appartiennent non plus à personne. Je souhaite qu'ils soient remis à Bernard Provençal qui en disposera selon la proposition qu'il avait faite et que j'approuvais.

NOTES SUR LES TEXTES

À l'origine, ces écrits politiques furent publiés ou diffusés anonymement. Ce refus de la signature, typique des milieux militants de l'époque, adopté aussi bien par les artisans des États généraux du cinéma que par les affichistes de l'Atelier populaire des Beaux-Arts, Blanchot l'associait à un « communisme d'écriture ». Au fil des ans, il lèvera toutefois l'anonymat de ces écrits : d'abord, en intégrant « Lire Marx » (sous le titre « Les trois paroles de Marx ») à *L'Amitié*, qui paraît chez Gallimard en 1971 ; puis, en acceptant que « Le communisme sans héritage » et « Tracts, affiches, bulletin » soient réédités dans un numéro de la revue *Gramma* (n° 3-4, 1976) qui lui est consacré ; enfin, trente ans après les événements, en autorisant la revue *Lignes* (n° 33, mars 1998) à publier sous sa signature une vingtaine de documents. Tous ces textes seront repris dans les *Écrits politiques* (éd. Michel Surya, Paris, Lignes/Léo Scheer, 2003 ; éd. Éric Hoppenot, Paris, Gallimard, coll. « Les cahiers de la *NRF* »,

2008). La consultation de fonds d'archives et l'examen de manuscrits nous permettent aujourd'hui de compléter cet ensemble avec des inédits, de nouvelles attributions et quelques lettres. Pour éclairer l'engagement de Blanchot, nous présentons ces textes selon l'ordre chronologique. Sauf mention contraire, lorsqu'un texte a connu plusieurs éditions, nous reproduisons la première version rendue publique en respectant autant que possible la typographie originale (capitales, gras, italiques, etc.). Sur l'histoire du Comité d'action étudiants-écrivains, dont ces écrits sont inséparables, on pourra se reporter à l'essai de Jean-François Hamel, *Nous sommes tous la pègre. Les années 68 de Blanchot* (Paris, Éditions de Minuit, coll. « Paradoxe », 2018).

Déclaration de solidarité
avec le mouvement des étudiants

[« Il est capital que le mouvement des étudiants oppose et maintienne une puissance de refus, déclarent MM. Jean-Paul Sartre, Henri Lefebvre et un groupe d'écrivains et de philosophes », *Le Monde*, 10 mai 1968, p. 9 ; « Les jeunes veulent par tous les moyens échapper à un ordre aliéné, déclare un groupe d'écrivains dont Jean-Paul Sartre », *Combat*, 10 mai 1968, p. 5 ; tract ronéotypé, 18 mai 1968, fonds Fouchet de l'IMEC et fonds Mai 68 du Centre d'histoire sociale du XXe siècle de l'Université Panthéon-Sorbonne ; « Déclaration de solidarité avec le mouvement des étudiants, 9 mai », *Les Lettres nouvelles*, septembre-octobre 1968, p. 148-149 ;

« La forza di rifiuto », *Che Fare. Bollettino di critica e azione d'avanguardia*, n° 4, hiver 1968-1969, p. 7.]

Sous la forme d'un tract distribué aux alentours de la Sorbonne occupée, cette déclaration servira à annoncer la fondation du Comité d'action étudiants-écrivains le 18 mai 1968 et la tenue de sa première réunion deux jours plus tard : « Ce manifeste témoigne de la solidarité des écrivains pour le mouvement de contestation déclenché par les étudiants. Les écrivains proposent de s'associer aux étudiants et aux travailleurs dans l'élaboration d'une société nouvelle. Une commission a été créée à cet effet qui se tiendra à partir du lundi 20 mai 13 h au Centre Censier salle 422. Il s'agira tout à la fois d'établir des liens étroits entre les écrivains et l'université de demain, de débattre des rapports entre les maisons d'édition et l'université, de la réforme des études littéraires sclérosées, du rôle d'une littérature révolutionnaire, etc. » Nous reproduisons le texte paru dans *Le Monde* la veille de la première nuit des barricades en lui donnant le titre sous lequel le Comité d'action étudiants-écrivains l'a repris dans *Les Lettres nouvelles*.

Un gouvernement ne gouverne qu'avec la confiance publique...

[Tract imprimé, sans titre, fin mai ou début juin 1968, collection de tracts de la BnF, fonds Mai 68 du Centre d'histoire sociale du XXᵉ siècle de l'Université Panthéon-Sorbonne et fonds Mascolo de l'IMEC. Première publication : *Lignes*, « Avec Dionys Mascolo », n° 33, mars 1998, p. 115.]

Ce tract, le seul produit par le Comité d'action étudiants-écrivains qui soit imprimé et non ronéotypé, est une réaction aux accords de Grenelle, conclus le 27 mai à l'hôtel du Châtelet par le gouvernement Pompidou, les organisations patronales et les centrales syndicales. Le rejet de ces accords par les grévistes poussera de Gaulle à dissoudre l'Assemblée nationale, à convoquer des élections législatives à la fin juin et à mettre en garde ses concitoyens contre la menace du « communisme totalitaire » que fait peser « la subversion à tout moment et en tout lieu ».

Les organisations dissoutes

[« Une centaine d'écrivains et d'artistes : le soulèvement des étudiants a frappé d'une façon décisive le système d'exploitation qui régit le pays », *Le Monde*, 18 juin 1968, p. 7 ; « Une centaine d'écrivains et d'artistes », *Action*, n° 14, 20 juin 1968, p. 2 ; « Les organisations dissoutes : 180 écrivains et artistes se tiennent pour responsables des actions incriminées », affiche imprimée (60 x 80 cm), archives personnelles ; « 180 artistes et écrivains protestent contre l'interdiction des mouvements d'opposition, 17 juin », *Les Lettres nouvelles*, septembre-octobre 1968, p. 152-153 ; « Partecipazione al movimento studentesco », *Che Fare. Bollettino di critica e azione d'avanguardia*, n° 4, hiver 1968-1969, p. 13.]

Fréquemment désignée comme la « Déclaration des 180 » en référence au « Manifeste des 121 » qui affirmait « le droit à l'insoumission » dans la guerre d'Algérie, cette déclaration ne constitue rien de moins qu'un appel à la désobéissance civile. Ses signataires, des écrivains et des intellectuels, mais aussi des comédiens, des cinéastes et des peintres, s'engagent à prêter secours aux militants et aux groupes visés par le décret de dissolution des organisations révolutionnaires du 12 juin 1968. La pétition sera reproduite sur de grandes affiches, imprimées à l'encre rouge sur papier jaune, que le Comité d'action étudiants-écrivains placardera dans plusieurs quartiers de Paris. C'est le texte et le titre de cette affiche que nous reproduisons.

Le crime

[Tract ronéotypé, fin juin 1968, collection de tracts de la BnF, fonds Blanchot de l'Université Harvard, fonds Mascolo de l'IMEC ; *Le Nouvel Observateur*, 29 juillet 1968, p. 30 ; « Avertissement au pouvoir, 26 juin », *Les Lettres nouvelles*, septembre-octobre 1968, p. 153-154 ; « Accusiamo il capo dello Stato come personalmente colpevole della repressione », *Che Fare. Bollettino di critica e azione d'avanguardia*, n° 4, hiver 1968-1969, p. 14.]

Dans un tract du début de juin, le Comité d'action étudiants-écrivains s'en prenait déjà à de Gaulle : « Plutôt que de renoncer à un pouvoir que le peuple lui conteste, de Gaulle appelle à la guerre civile. […] En face de millions de travailleurs qui veulent que soit reconnu leur propre pouvoir dans les entreprises, contre tout un peuple réveillé, de Gaulle n'est plus que le chef d'un système d'exploitation et d'oppression dont même la bourgeoisie éclairée ne veut plus. » (Tract ronéotypé, collection de tracts de la BnF et fonds Blanchot de l'Université Harvard ; repris dans *Lignes*, « Avec Dionys Mascolo », n° 33, mars 1998, p. 116-117.)

Lettre aux étudiants et intellectuels étrangers : pour un vide culturel absolu

[« Lettera agli studenti e intellettuali di altri paesi : per un vuoto di cultura "ufficiale" », *Che Fare. Bollettino di critica e azione d'avanguardia*, n° 4, hiver 1968-1969, p. 14-15. Première réédition : *Correspondance Maurice Blanchot-Joannes Hübner*, éd. Éric Hoppenot et Philippe Mesnard, Paris, Kimé, coll. « Archives Maurice Blanchot », 2014, p. 79-81.]

Ce communiqué, daté du 26 juillet 1968, fut envoyé par Blanchot à plusieurs correspondants étrangers avant d'être publié dans la revue *Che Fare*, l'un des principaux organes de la nouvelle gauche en Italie, dont Dionys Mascolo était le correspondant en France. Le numéro de *Che Fare* présente par ailleurs une douzaine de tracts, déclarations et communiqués du Comité d'action étudiants-écrivains, ainsi que trois textes de Blanchot parus dans le bulletin (« En état de guerre », « Le communisme sans héritage », « La mort politique »). La condamnation de la répression policière, que l'on trouve aussi dans « La rue », ou encore dans la réaction à l'interdiction de la revue *Tricontinental*, porte à croire que Blanchot est l'auteur de cette adresse aux étudiants et aux intellectuels étrangers. Le titre que nous donnons à ce texte, paru en français dans *Che Fare*, est une traduction du titre en italien.

Pour plaire à de Gaulle…

[Tract ronéotypé, sans titre, 25 septembre 1968, collection de tracts de la BnF. Inédit.]

On trouve dans les archives de Blanchot le manuscrit de ce texte ainsi qu'une version en langue allemande rédigée de sa main. Le tract réplique à l'arrestation de Daniel Cohn-Bendit à la Foire du Livre de Francfort à l'occasion d'une action directe menée de concert avec les étudiants socialistes allemands. Quelques mois plus tôt, le Comité d'action étudiants-écrivains s'était élevé contre l'arrêté d'expulsion frappant le porte-parole du Mouvement du 22 mars (« L'interdiction de séjour prise à l'encontre de Daniel Cohn-Bendit », collection de tracts de la BnF, fonds Mascolo de l'IMEC et fonds Blanchot de l'Université Harvard ; repris dans *Lignes*, « Avec Dionys Mascolo », n° 33, mars 1998, p. 116.) Dans « Les actions exemplaires », Blanchot dira son admiration pour le slogan « Nous sommes tous des Juifs allemands » que les manifestants scandèrent spontanément pour se porter à la défense de Cohn-Bendit.

Lettre à Dominique Aury, 7 octobre 1968

[Tapuscrit, fonds Blanchot de l'Université Harvard. Première publication : Angie David, *Dominique Aury*, Paris, Léo Scheer, 2006, p. 377-378.]

Dès le printemps 1958, dans le contexte de la guerre d'Algérie, Blanchot marquait sa dissidence avec la ligne politique de *La Nouvelle Revue française*, dont il était un collaborateur assidu depuis 1953. Une quinzaine de jours avant la parution du bulletin du Comité d'action étudiants-écrivains, il rompt avec la revue dirigée par Jean Paulhan et Marcel Arland. Dans son numéro d'octobre 1968, la rédaction avait refusé de trancher entre l'approbation enthousiaste du mouvement de Mai par Louis-René des Forêts dans *L'Éphémère* et sa condamnation par Raymond Aron dans son pamphlet *La Révolution introuvable*. C'est ce « libéralisme » que refuse désormais Blanchot. Sa lettre de rupture est datée du 7 octobre : deux jours plus tard, Jean Paulhan mourait.

Lettre à Marguerite Duras, 13 octobre 1968

[Manuscrit, archives personnelles. Première publication : Bernard Alazet et Christiane Blot-Labarrère (dir.), *Marguerite Duras*, Paris, L'Herne, coll. « Cahiers de L'Herne », 2005, p. 55.]

Marguerite Duras milite au sein du Comité d'action étudiants-écrivains depuis sa fondation. Dans un témoignage publié après la dissolution du Comité, mais rédigé au tout début de l'automne 1968, elle raconte les premières semaines d'existence de ce collectif d'agitation et de propagande : « Nous avons résisté aux dernières barricades, aux élections, à l'été, à la dispersion des étudiants, à leur retour, à la fermeture des facultés, à leur réouverture, aux disputes violentes, aux pires insultes. Personne ne nous a quittés depuis deux mois. [...] Nous avons décidé, à la majorité, de publier un bulletin qui reflétera, nous l'espérons, l'expérience. Nous ne savons pas si le Comité résistera à cette épreuve. » (« Naissance d'un Comité », *Les Lettres nouvelles*, juin-juillet 1969, p. 149-150.)

Les caractères possibles de la publication...

[Tapuscrit, sans titre, fonds Blanchot de l'Université Harvard et fonds Mascolo de l'IMEC. Première publication : *Lignes*, « Avec Dionys Mascolo », n° 33, mars 1998, p. 131-132.]

Ce document était destiné à préciser les orientations du bulletin que préparait le Comité d'action étudiants-écrivains ; ses propositions furent sans doute discutées pendant l'une des réunions qui eurent lieu en août et en septembre 1968. Une note manuscrite conservée dans les archives de Mascolo nous apprend que Blanchot envisagea plusieurs titres pour le bulletin : *Rupture*,

Le Refus, *Désordre*, *L'Interdit*, *Noir et rouge*, *Le Contr'Un*, ce dernier en hommage à La Boétie et à son *Discours de la servitude volontaire*. Blanchot conçoit le bulletin dans la continuité du projet de la « Revue internationale », élaboré à la suite de la « Déclaration sur le droit à l'insoumission dans la guerre d'Algérie » ; il en reprend et en actualise en effet les principales orientations éditoriales (voir les textes préparatoires réunis par Michel Surya dans *Lignes*, n° 11, septembre 1990, p. 179-191).

Lorsqu'il se passe dans la rue des choses extraordinaires, c'est la Révolution

[*Comité. Bulletin publié par le Comité d'action étudiants-écrivains au service du Mouvement*, n° 1, octobre 1968, p. 2.]

Des tapuscrits annotés présents dans les archives de Blanchot permettent de lui attribuer ce texte, qui ouvre le premier numéro du bulletin, paru à la toute fin d'octobre. Vendu 2 francs, distribué par *Action*, journal créé par les organisations étudiantes pendant la première semaine du soulèvement, le bulletin appartient à cette nouvelle presse militante qui cherche à fédérer les forces contestataires et à constituer un espace public en rupture avec l'ordre établi. Blanchot revient ici à l'un de ses thèmes de prédilection depuis le début des années soixante, notamment sous l'influence du marxiste Henri Lefebvre : la révolution comme transformation de la vie quotidienne (cf.

« L'homme de la rue », *La Nouvelle Revue française*, n° 114, 1962 ; repris sous le titre « La parole quotidienne », *L'Entretien infini*, Paris, Gallimard, 1969, p. 355-366). La rue, « lieu de toute liberté possible », est au cœur de plusieurs de ses contributions au bulletin.

En état de guerre

[*Comité. Bulletin publié par le Comité d'action étudiants-écrivains au service du Mouvement*, n° 1, octobre 1968, p. 3-4 ; *Che Fare. Bollettino di critica e azione d'avanguardia*, n° 4, hiver 1968-1969, p. 2.]

Un tapuscrit conservé dans les archives de Blanchot indique que la première version de ce texte a été rédigée à l'été 1967. Le Black Panther Party for Self-Defense, auquel Blanchot fait référence, s'était fait connaître de l'opinion internationale en mai 1967 en organisant un rassemblement armé devant le Capitole de Californie. Cette manifestation annonçait une radicalisation du mouvement des droits civiques qui, devant l'échec répété des stratégies intégrationnistes, affirmait la nécessité de retourner la violence de la ségrégation contre le pouvoir d'État. Or, le soulèvement français vise lui aussi à « dégager de leur intégration à la société établie les forces qui tendent à la rupture » (« Affirmer la rupture »). Ce texte invite en outre à interpréter les événements de Mai comme l'accomplissement tardif des promesses de la Libération, qui auraient été trahies par de Gaulle.

Affirmer la rupture

[*Comité. Bulletin publié par le Comité d'action étudiants-écrivains au service du Mouvement*, n° 1, octobre 1968, p. 4-5.]

Ce texte constitue en quelque sorte le programme idéologique du Comité, qui entend perpétuer la « puissance de refus » que Blanchot reconnaît à la contestation des étudiants dès les premiers jours de Mai. Conformément à la signification que revêtent les barricades du Quartier latin pour les émeutiers, affirmer la rupture signifie s'engager dans une subjectivation agonistique et se reconnaître littéralement « en état de guerre » : « nous sommes des combattants et non plus des manifestants » (« Les actions exemplaires »).

Aujourd'hui

[*Comité. Bulletin publié par le Comité d'action étudiants-écrivains au service du Mouvement*, n° 1, octobre 1968, p. 7.]

À l'instar de Blanchot, Dionys Mascolo insiste dans le bulletin sur la nécessité pour les écrivains et les intellectuels révolutionnaires de « rompre avec toutes les institutions contrôlées par le régime, et non seulement avec celles qui servent directement sa propagande, mais toutes celles qu'il intimide si peu que ce soit, avec toutes les publications, journaux, revues, qui n'ont pas elles-mêmes rompu avec toute la netteté nécessaire ». C'est ce qu'il appelle sans détour une « grève de l'intelligence » (« Une illusion très générale », *Comité. Bulletin publié par le Comité d'action étudiants-écrivains au service du Mouvement*, n° 1, octobre 1968, p. 10).

La mort politique

[*Comité. Bulletin publié par le Comité d'action étudiants-écrivains au service du Mouvement*, n° 1, octobre 1968, p. 8 ; *Che Fare. Bollettino di critica e azione d'avanguardia*, n° 4, hiver 1968-1969, p. 5-6.]

Un tapuscrit conservé dans les archives de Blanchot indique que la première version de ce texte a été rédigée à l'été 1967 et que la formule conclusive (« Demain, ce fut Mai : le pouvoir infini de détruire-construire ») a été ajoutée à l'été 1968. Le thème de la mort politique figure aussi dans la déclaration collective du 18 juin, dans le tract « Le crime » et dans « La rue ».

La rue

[*Comité. Bulletin publié par le Comité d'action étudiants-écrivains au service du Mouvement*, n° 1, octobre 1968, p. 11.]

Ce tract fait écho à la manifestation organisée le 16 juillet, place du Palais-Royal : « Tous les jours, sous n'importe quel prétexte, la police arrête les gens dans la rue ou dans les locaux privés, les empêche de se réunir, les garde à vue. Le Comité d'action étudiants-écrivains, les écrivains et artistes qui se sont engagés "à soutenir par tous les moyens en leur pouvoir les personnes poursuivies et les organisations dissoutes" (déclaration des 180), le Comité pour la liberté et contre la répression appellent à manifester contre le système gaulliste de répression policière. » (Tract ronéotypé, fonds Mascolo de l'IMEC ; repris dans *Études françaises*, vol. 54, n° 1, p. 169.) *Le Monde*, qui dépêche l'un de ses journalistes, évoque des scènes de matraquage et quelque cent trente arrestations. Dans un communiqué émis le soir même, le Comité dénonce les nombreuses interpellations par des policiers en civil, mais considère, en des termes qui rappellent « Tracts, affiches, bulletin », que « la manifestation a atteint son but » : « Les tracts distribués, les affiches exposées, la parole libérée dans la rue, précisément à cause de l'interdiction qui pesait sur ces actions directes, sont apparus comme des moyens efficaces de faire entendre la vérité sur le régime policier auquel la population tout entière est livrée. » (« Mardi, au Palais-Royal : la police est intervenue avec vigueur pour disperser tous les attroupements », *Le Monde*, 18 juillet 1968, p. 7.)

Le communisme sans héritage

[*Comité. Bulletin publié par le Comité d'action étudiants-écrivains au service du Mouvement*, n° 1, octobre 1968, p. 13 ; *Che Fare. Bollettino di critica e azione d'avanguardia*, n° 4, hiver 1968-1969, p. 4-5.]

Une telle définition du communisme, qui fait l'impasse sur les moyens, les rapports et les forces de production, s'inscrit dans la continuité des marxismes hétérodoxes, d'Henri Lefebvre à la revue *Arguments* et à l'Internationale situationniste, dont les analyses tendent à privilégier les manifestations de l'aliénation idéologique aux dépens du thème plus traditionnel de l'exploitation économique. La version publiée dans la revue *Che Fare* contient une variante significative en ouverture du deuxième paragraphe : « Définissant le nationalisme comme intégral, c'est-à-dire montrant que le nationalisme intégral est la vérité de tout nationalisme, Maurras avait raison et a toujours raison : qui parle de la patrie en vient nécessairement à y reconnaître la suprême mesure ; tout doit lui être subordonné, et à la fin le patriotisme est le plus prodigieux pouvoir d'intégration [...]. »

Depuis longtemps, la brutalité

[*Comité. Bulletin publié par le Comité d'action étudiants-écrivains au service du Mouvement*, n° 1, octobre 1968, p. 14.]

Le totalitarisme soviétique, dont la répression du Printemps de Prague illustre la violence répressive, est une cible récurrente des « gauchistes » de l'époque, qui multiplient aussi les critiques à l'endroit du Parti communiste français. Quelques années après le soulèvement, plusieurs anciens militants du Comité d'action étudiants-écrivains – Louis-René des Forêts, Marguerite Duras, Daniel Guérin, Georges Lapassade, Michel Leiris, Dionys Mascolo, Maurice Nadeau, Jean Schuster, Georges Sebbag – iront jusqu'à affirmer : « La véritable lutte contre le système capitaliste est désormais inséparable de la lutte contre le PCF dans son entreprise de perversion de l'idée communiste. Cette lutte est menée aujourd'hui par le mouvement issu de Mai 68. » (« Une adresse aux militants du PCF », *Le Monde,* 17 mars 1972, p. 10.)

Tracts, affiches, bulletin

[*Comité. Bulletin publié par le Comité d'action étudiants-écrivains au service du Mouvement*, n° 1, octobre 1968, p. 16.]

Ce manifeste du « communisme d'écriture » constitue en partie un commentaire, en partie une réécriture de la préface donnée par Émile Copfermann au livre *Ce n'est qu'un début, continuons le combat* du Mouvement du 22 mars (François Maspero, coll. « Cahiers libres », 1968, p. 7-10). Non sans en radicaliser le propos, Blanchot y emprunte plusieurs formules sur les modes d'inscription, d'exposition et de diffusion des écritures militantes. Cependant, la critique de ce que Mao Tsé-toung appelait le « culte du livre » ne fait pas l'unanimité au sein du Comité. Dans le bulletin, une note placée sous le texte le signale : « Plus de livre ? Mais à la Révolution (avant, pendant, après), il faut le plus possible de tout ce que l'homme peut inventer, sous toutes les formes possibles, et qu'il devienne "l'homme total" dont il est parlé dans un livre. […] Il n'y a pas de différence d'essence entre tract, affiche, livre, bulletin, film, et cætera et cætera. Il y a différence entre ce qui aliène, exclut, est réservé (pensée de classe, langage de classe, culture de classe, et ce qui tend à être "pour tous" – dont il n'y a pas même encore assez. Des millions de gens n'ont pas eu encore assez de livres : assez de rien. Tout est à faire. » (Jacques Bellefroid, « Commentaires (1) », *Comité. Bulletin publié par le Comité d'action étudiants-écrivains au service du Mouvement*, n° 1, octobre 1968, p. 16.) Dans son premier article signé après les événements, Blanchot reviendra sur le motif de l'absence de livre sous l'influence croisée de Stéphane Mallarmé et de Jacques Derrida : « L'absence de livre », *L'Éphémère*, n° 10, avril 1969 ; repris dans *L'Entretien infini*, Paris, Gallimard, 1969, p. 620-636.

Que l'immense contrainte

[*Comité. Bulletin publié par le Comité d'action étudiants-écrivains au service du Mouvement*, n° 1, octobre 1968, p. 17.]

Cette brève analyse de la contestation antiautoritaire est extraite d'une lettre à Ilija Bojovic, datée du 6 juin 1968, dont le tapuscrit, conservé dans les archives de Blanchot, est reproduit dans les *Écrits politiques* (éd. Éric Hoppenot, Paris, Gallimard, coll. « Les cahiers de la *NRF* », 2008, p. 171-175). Une version remaniée de cette lettre figure ici sous le titre « Lettre à un représentant de la radiotélévision yougoslave ».

Les actions exemplaires

[*Comité. Bulletin publié par le Comité d'action étudiants-écrivains au service du Mouvement*, n° 1, octobre 1968, p. 17-18.]

Blanchot s'inspire ici du chapitre « Qu'est-ce qu'une action exemplaire ? » de *Ce n'est qu'un début, continuons le combat* du Mouvement du 22 mars (François Maspero, coll. « Cahiers libres »,

1968, p. 59-74). Actualisation contestataire de l'action directe, l'action exemplaire désigne le geste d'éclat d'une minorité agissante qui entreprend non de s'emparer du pouvoir d'État, mais, dans une perspective anarchiste, de le provoquer pour faire apparaître la violence de ses dispositifs de répression et ainsi contribuer à accélérer le processus de subjectivation politique des militants. Blanchot s'appuie sur cette notion pour définir la temporalité révolutionnaire et livrer son interprétation des moments les plus emblématiques du soulèvement printanier.

Deux innovations caractéristiques

[*Comité. Bulletin publié par le Comité d'action étudiants-écrivains au service du Mouvement*, n° 1, octobre 1968, p. 18.]

Dans un tract diffusé à la fin mai et reproduit dans *Les Lettres nouvelles*, le Comité d'action étudiants-écrivains avait déjà pris fait et cause pour « l'esprit d'anarchie, l'impatience et l'utopie » du mouvement contre les mises en garde répétées des dirigeants communistes : « Nulle organisation ne saurait représenter seule l'exigence communiste, et moins qu'une autre aujourd'hui l'organisation du Parti communiste français. » (« Réplique au Parti communiste », *Les Lettres nouvelles*, septembre-octobre 1968, p. 50.)

Rupture du temps : révolution

[*Comité. Bulletin publié par le Comité d'action étudiants-écrivains au service du Mouvement*, n° 1, octobre 1968, p. 18.]

Depuis le tournant des années soixante, Blanchot mène une réflexion approfondie sur les formes de l'historicité à partir des notions de discontinuité et d'intervalle, toujours en lien avec l'écriture fragmentaire, qui innerve aussi nombre de ses textes sur la « révolution de Mai ». La citation de Walter Benjamin qui conclut ce fragment est sans doute traduite par Blanchot : ce passage ne figure pas dans la seule version française alors disponible des thèses « Sur le concept d'histoire », parue dans *Les Temps modernes* vingt ans plus tôt.

Pour le camarade Castro

[*Comité. Bulletin publié par le Comité d'action étudiants-écrivains au service du Mouvement*, n° 1, octobre 1968, p. 22-23.]

L'intérêt de Blanchot pour Cuba illustre ses convictions internationalistes. En juillet 1967, à l'occasion de l'anniversaire de l'attaque de la caserne Moncada, aux côtés d'une trentaine d'intellectuels, il affiche sa « solidarité avec la révolution cubaine, menacée et pleine d'espoir comme au premier jour » (*Le Monde*, 27 juillet 1967, p. 2). Six mois plus tard, il rédige une déclaration collective, qui sera signée entre autres par Robert Antelme, Marguerite Duras, Dionys Mascolo, Jean Schuster et Maurice Nadeau : « Cuba représente pour nous une espérance, et non seulement dans cette partie du monde où la liberté est visiblement et d'une manière sanglante opprimée, mais pour les sociétés apparemment plus tranquilles auxquelles nous appartenons, puisque c'est à Cuba et par le mouvement de la révolution cubaine que l'exigence communiste a retrouvé, en même temps qu'un centre vivant, sa puissance d'avenir. De là nous viennent des exemples, des paroles vraies, dans le silence qu'est devenue la culture des pays occidentaux dominants. Nous désirons donc témoigner, par cet hommage, de tout ce que nous devons, et précisément en tant qu'intellectuels, à Cuba, car aujourd'hui la véritable affirmation culturelle, ce n'est pas la "culture", mais la révolution qui bouleverse la culture. » (« Hommage d'intellectuels français à l'occasion du congrès culturel de La Havane », *Le Monde*, 7 janvier 1968, p. 18.) En septembre 1968, il revient sur ses positions et reproche à Fidel Castro son appui à l'invasion de la Tchécoslovaquie : « Cette position ne peut qu'affaiblir la Révolution partout dans le monde, y compris, à plus ou moins longue échéance, à Cuba même » (Robert Antelme, Maurice Blanchot, Marguerite Duras, Dionys Mascolo, Jean Schuster, « Lettre ouverte au Parti communiste de Cuba », *L'Archibras*, n° 5, 30 septembre 1968, p. 9 ; aussi paru sous le titre « Huit intellectuels écrivent à Fidel Castro », *Le Nouvel Observateur*, n° 203, 30 septembre 1968, p. 37, avec les signatures de Claude Courtot, Georges Goldfayn, Gérard Legrand et Jean Schuster). Dans le bulletin, « Pour le camarade Castro » est complété par « Réserves sur certaines remontrances à Fidel Castro » de Christiane Rochefort et « À propos des réserves qui précèdent » de Jean Schuster.

La reddition idéologique

[*Comité. Bulletin publié par le Comité d'action étudiants-écrivains au service du Mouvement*, n° 1, octobre 1968, p. 23.]

En 1959, dans le compte rendu de l'autobiographie d'Henri Lefebvre, qui venait d'être exclu du Parti communiste français après y avoir milité pendant trente ans, Blanchot évoquait déjà la « destruction du langage » imposée par la brutalité de l'État soviétique (« La fin de la philosophie », *La Nouvelle Revue française*, n° 80, août 1959 ; repris sous le titre « Lentes funérailles », *L'Amitié*, Paris, Gallimard, 1971, p. 98-108).

La clandestinité à ciel ouvert

[*Comité. Bulletin publié par le Comité d'action étudiants-écrivains au service du Mouvement*, n° 1, octobre 1968, p. 23-24.]

Dans le bulletin, ce texte appartient à une série d'interventions sur la répression du Printemps de Prague et sur le manifeste *Les Deux Mille Mots* de Ludvík Vaculík. Rapprochant les soulèvements tchécoslovaque et français, Blanchot reconnaît la même libération de la parole dans les écritures qui s'exposent hors du livre, cette « forme raffinée de la répression » (« Tracts, affiches, bulletin »). En juin 1968, le Comité d'action étudiants-écrivains, fasciné par l'inventivité verbale des insurgés, avait recueilli une centaine d'inscriptions murales à la Sorbonne (« I muri della Sorbona. Graffiti raccolti dal Comité d'action étudiants-écrivains », *Quindici*, n° 11, 15 juin 1968, p. 1 ; repris dans « Les murs de la Sorbonne », *Les Lettres nouvelles*, n° 53, 1er juillet 1968, p. 7).

Conseils aux gens de la rue

[*Comité. Bulletin publié par le Comité d'action étudiants-écrivains au service du Mouvement*, n° 1, octobre 1968, p. 27.]

D'après Christophe Bident (*Maurice Blanchot. Partenaire invisible*, Seyssel, Champ Vallon, 1998,

p. 609), ce texte aurait été attribué à Blanchot par Dionys Mascolo. La tapuscrit conservé dans les archives de Blanchot, d'ailleurs corrigé de sa main, qui se conclut comme un tract avec la signature du « Comité d'action internationale étudiants-écrivains », comporte aussi la référence à un article faisant état de policiers en civil infiltrant les manifestations et procédant à des arrestations (*Le Monde*, 7 août 1968, p. 6). Après la manifestation contre « la répression gaulliste » du 16 juillet 1968, le Comité avait émis un communiqué dénonçant vigoureusement les interpellations opérées par des policiers en civil (« Mardi, au Palais-Royal : la police est intervenue avec vigueur pour disperser tous les attroupements », *Le Monde*, 18 juillet 1968, p. 7).

Lire Marx

[« Lire Marx », *Comité. Bulletin publié par le Comité d'action étudiants-écrivains au service du Mouvement*, n° 1, octobre 1968, p. 31 ; « Les trois paroles de Marx », *L'Amitié*, Paris, Gallimard, 1971, p. 115-117.]

Ce texte, dont le titre renvoie à *Lire le Capital*, entre en polémique avec les thèses de Louis Althusser sur la distinction entre science et idéologie. En un geste critique audacieux, dans la continuité du concept d'écriture développé par Jacques Derrida, Blanchot rapporte la puissance plurielle des écrits de Marx à la force de contestation de ce que Mallarmé nomme « le jeu insensé d'écrire ». Dans une note de lecture consacrée à Léon Trotski et à Hans Magnus Enzensberger au milieu des années soixante, Blanchot établissait un parallèle semblable : « La littérature est peut-être essentiellement (je ne dis pas uniquement ni manifestement) pouvoir de contestation : contestation du pouvoir établi, contestation de ce qui est (et du fait d'être), contestation du langage et des formes du langage, enfin contestation d'elle-même comme pouvoir. » (« Les grands réducteurs », *La Nouvelle Revue française*, n° 148, avril 1965, p. 681.)

Lettre à un représentant de la radiotélévision yougoslave

[Tapuscrit, fonds Blanchot de l'Université Harvard et fonds Mascolo de l'IMEC. Première publication : *Lignes*, « Avec Dionys Mascolo », n° 33, mars 1998, p. 129-131.]

Un premier état de cette lettre à Ilija Bojovic est conservé dans le fonds Blanchot de l'Université Harvard et reproduit dans *Écrits politiques* (éd. Hoppenot, Paris, Gallimard, coll. « Les cahiers de la *NRF* », 2008, p. 171-175). Le texte que nous reproduisons était destiné au premier bulletin du Comité d'action étudiants-écrivains, mais seul un paragraphe en a été retenu (« Que l'immense contrainte »).

N'ayons pas l'esprit de drapeau...

[Tapuscrit, sans titre, fonds Blanchot de l'Université Harvard. Inédit.]

Comme le texte précédent, ce fragment était destiné au premier bulletin du Comité d'action étudiants-écrivains. Dans les archives de Blanchot, on en trouve une variante manuscrite : « Pas d'esprit ancien combattant. / Avec le drapeau français, vous pouvez faire un drapeau rouge. / Avec le drapeau allemand, vous pouvez faire un drapeau noir, un drapeau rouge. / N'ayez pas l'esprit de drapeau. N'incarnez pas votre révolte. » Au-delà de leurs différences, ces formulations illustrent la définition radicalement internationaliste et profondément anarchiste que Blanchot propose du communisme : « ce qui exclut (et s'exclut) de toute communauté constituée » (« Le communisme sans héritage »).

La dialectique de la répression

[Tapuscrit, fonds Blanchot de l'Université Harvard et fonds Mascolo de l'IMEC. Première publication : *Lignes*, « Avec Dionys Mascolo », n° 33, mars 1998, p. 181-185.]

Ce texte, lui aussi destiné au premier bulletin, manifeste l'influence des travaux d'Herbert Marcuse, notamment par ses emprunts au lexique psychanalytique. On sait d'ailleurs par les notes de lecture conservées dans ses archives que Blanchot a lu attentivement plusieurs des essais de Marcuse alors disponibles en français, dont *Éros et civilisation. Contribution à Freud* (1963) et *L'Homme unidimensionnel* (1968). La citation de Sartre provient d'un entretien publié sous le titre « Les bastilles de Raymond Aron » dans *Le Nouvel Observateur* (repris dans *Situations, VIII. Autour de 68*, Paris, Gallimard, 1972, p. 175-192). Nous reproduisons le tapuscrit corrigé par Blanchot, qui a abrégé le titre initial : « La paranoïa au pouvoir (la dialectique de la répression : petite contribution à une recherche). »

Comité d'action étudiants-écrivains

[Tapuscrit, archives personnelles. Première publication : *Correspondance Maurice Blanchot-Joannes Hübner*, éd. Éric Hoppenot et Philippe Mesnard, Paris, Kimé, coll. « Archives Maurice Blanchot », 2014, p. 84-85.]

Blanchot a transmis à plusieurs de ses correspondants cette courte lettre circulaire qui accompagnait l'envoi du bulletin. On ne sait pas avec certitude s'il en est l'auteur, bien que certaines formulations portent à le croire.

Le Comité d'action étudiants-écrivains souhaite avertir les hommes libres

[Tapuscrit, sans titre, fonds Blanchot de l'Université Harvard et fonds Duras de l'IMEC. Inédit.]

En novembre 1968, la publication d'extraits de *La Guerre de guérilla* de Che Guevara amène l'ouverture d'une information judiciaire pour « incitation au meurtre et au pillage » contre la revue tiers-mondiste *Tricontinental*, dont l'édition française est produite par François Maspero. Dans la continuité de « Tracts, affiches, bulletin », qui célébrait la dissémination des écritures militantes, Blanchot prend prétexte de cette accusation pour dénoncer la censure exercée par le ministère de l'Intérieur. Dans une lettre à Jacques Bellefroid datée du 19 décembre 1968, il affirme avoir écrit ce texte « à la demande de camarades étrangers », sans cependant préciser lesquels. Au bas du tapuscrit, aussi bien dans le fonds Blanchot que dans le fonds Duras, on trouve une date manuscrite : « 3-12-68 ».

Mai, révolution par l'idée

[*Les Lettres nouvelles*, juin-juillet 1969, p. 163.]

Écrit en décembre 1968, ce texte s'oppose aux interprétations qui réduisent la grève générale de mai et de juin à l'agitation étudiante et à la réforme universitaire. Dans les archives de Marguerite Duras conservées à l'IMEC, on trouve le tapuscrit de « Mai, révolution par l'idée » parmi d'autres textes rédigés en vue du deuxième bulletin du Comité d'action étudiants-écrivains, dont « La contestation des institutions culturelles » de Georges Lapassade et « La révolution de mai 68 en France » de Daniel Guérin (tous deux repris dans *Études françaises*, vol. 54, n° 1, 2018, p. 173-178).

Critique du mouvement

[*Les Lettres nouvelles*, juin-juillet 1969, p. 164-167.]

Comme le précédent, ce texte de décembre 1968 a été conçu en vue du deuxième bulletin du Comité d'action étudiants-écrivains. Depuis le mois de juin, les intellectuels de gauche de même que les militants des organisations dissoutes débattaient des suites à donner au soulèvement. D'aucuns considéraient qu'il avait été un échec, faute de donner lieu à un renversement du régime et à une prise du pouvoir par les insurgés. Les plus optimistes y voyaient une « répétition générale » du grand soir, s'appropriant le mot de Lénine à propos de la révolution russe de 1905. Blanchot réfute ces lectures qui reposent selon lui sur des présupposés politiques désuets, invalidés par la nature antiautoritaire de la contestation. Si la

« révolution de Mai » marque une rupture au sein de la tradition révolutionnaire, c'est qu'elle contredit l'idée selon laquelle la prise de pouvoir constitue la finalité de tout mouvement insurrectionnel.

Je voudrais ajouter un mot à nos propos d'hier...

[*Les Lettres nouvelles*, juin-juillet 1969, p. 184-185.]

Présenté comme la première partie d'un dialogue entre deux militants (désignés par les initiales A. et B.), ce court texte sans titre reproduit, en masquant toute référence à son destinataire et en adoptant le tutoiement des camarades plutôt que le vouvoiement des amis, une lettre à Dionys Mascolo datée d'octobre 1968 (« À Dionys Mascolo », *Magazine littéraire*, n° 424, octobre 2003, p. 43). Selon un usage caractéristique de ses écrits sur la révolte de Mai, Blanchot s'approprie ici plusieurs formulations d'un article consacré au « temps réversible » des « conseils étudiants » paru dans la revue *Communications*, notamment les passages sur le registre eschatologique de la fin de l'histoire, thème qui obsède sa pensée depuis le milieu des années quarante (Georges Lanteri-Laura et Michel Tardy, « La révolution étudiante comme discours », *Communications*, « Mai 68. La prise de parole », n° 12, 1968, p. 128-131).

Lettre à Jacques Bellefroid, 4 février 1969

[Tapuscrit, fonds Blanchot de l'Université Harvard. Inédit.]

En janvier 1969, alors que le Comité prépare son deuxième bulletin, un texte circule parmi les militants qui attaque violemment « Naissance d'un comité » de Duras. Mascolo, furieux, convoque une réunion le 5 février, où il propose à ses camarades de dissoudre le Comité. Dans une lettre datée du 6 février, Jacques Bellefroid, qui agissait comme directeur de publication de *Comité*, répond à Blanchot et lui raconte cette réunion houleuse. Lors d'un vote à main levée, la motion de liquidation du Comité est battue : Antelme, Duras, Mascolo et Schuster annoncent leur départ et reprennent leurs textes.

Lettre à Jacques Bellefroid, 7 février 1969

[Manuscrit, fonds Blanchot de l'Université Harvard. Inédit.]

Informé par Jacques Bellefroid du déroulement de la réunion du 5 février 1969, Blanchot réaffirme l'exigence d'anonymat indissociable de la camaraderie politique et réitère sa rupture avec le Comité d'action étudiants-écrivains, à l'exemple de ses amis de la rue Saint-Benoît. Un deuxième bulletin de facture artisanale, qui ne connaîtra qu'une diffusion confidentielle, paraîtra bel et bien au printemps suivant, avec des textes de Pierre Bouvier, Philippe Gavi, Jean-Jacques Lebel et Georges Lapassade (*Comité. Bulletin tract du Comité d'action étudiants-écrivains*, « Les luttes dans l'industrie culturelle », n° 2, 1969). Mais aucun des auteurs du premier numéro (Jacques Bellefroid, Maurice Blanchot, Dionys Mascolo, Christiane Rochefort, Jean Schuster, Georges Sebbag) n'y participera.

Les responsables de cette édition remercient Cidalia Fernandes Blanchot d'avoir autorisé la publication des textes inédits.

Préface : Un communisme d'écriture	9
Déclaration de solidarité avec le mouvement des étudiants	21
Un gouvernement ne gouverne qu'avec la confiance publique...	23
Les organisations dissoutes	24
Le crime	28
Lettre aux étudiants et intellectuels étrangers : pour un vide culturel absolu	30
Pour plaire à de Gaulle...	33
Lettre à Dominique Aury, 7 octobre 1968	34
Lettre à Marguerite Duras, 13 octobre 1968	36
Les caractères possibles de la publication...	38
Lorsqu'il se passe dans la rue des choses extraordinaires, c'est la Révolution	41
En état de guerre	42
Affirmer la rupture	46
Aujourd'hui	49
La mort politique	50
La rue	53
Le communisme sans héritage	55
Depuis longtemps, la brutalité	58
Tracts, affiches, bulletin	60

Que l'immense contrainte	63
Les actions exemplaires	65
Deux innovations caractéristiques	68
Rupture du temps : révolution	69
Pour le camarade Castro	70
La reddition idéologique	74
La clandestinité à ciel ouvert	76
Conseils aux gens de la rue	78
Lire Marx	79
Lettre à un représentant de la radiotélévision yougoslave	83
N'ayons pas l'esprit de drapeau...	87
La dialectique de la répression	88
Comité d'action étudiants-écrivains	96
Le Comité d'action étudiants-écrivains souhaite avertir les hommes libres...	98
Mai, révolution par l'idée	101
Critique du mouvement	103
Je voudrais ajouter un mot à nos propos d'hier...	109
Lettre à Jacques Bellefroid, 4 février 1969	112
Lettre à Jacques Bellefroid, 7 février 1969	114
Notes sur les textes	**117**

Maurice Blanchot aux Éditions Gallimard

... en Folio Essais
LE LIVRE À VENIR, n° 48
L'ESPACE LITTÉRAIRE, n° 89
DE KAFKA À KAFKA, n° 245
UNE VOIX VENUE D'AILLEURS, n° 413

... dans L'Imaginaire
L'ARRÊT DE MORT, n° 15
LE TRÈS-HAUT, n° 203
THOMAS L'OBSCUR, n° 272
AU MOMENT VOULU, n° 288
CELUI QUI NE M'ACCOMPAGNAIT PAS, n° 300
L'ATTENTE L'OUBLI, n° 420
AMINABAD, n° 501

COLLECTION FOLIO

Dernières parutions

6268.	Voltaire	*Lettres choisies*
6269.	Saint Augustin	*La Création du monde et le Temps*
6270.	Machiavel	*Ceux qui désirent acquérir la grâce d'un prince...*
6271.	Ovide	*Les remèdes à l'amour* suivi de *Les Produits de beauté pour le visage de la femme*
6272.	Bossuet	*Sur la brièveté de la vie et autres sermons*
6273.	Jessie Burton	*Miniaturiste*
6274.	Albert Camus – René Char	*Correspondance 1946-1959*
6275.	Erri De Luca	*Histoire d'Irène*
6276.	Marc Dugain	*Ultime partie. Trilogie de L'emprise, III*
6277.	Joël Egloff	*J'enquête*
6278.	Nicolas Fargues	*Au pays du p'tit*
6279.	László Krasznahorkai	*Tango de Satan*
6280.	Tidiane N'Diaye	*Le génocide voilé*
6281.	Boualem Sansal	*2084. La fin du monde*
6282.	Philippe Sollers	*L'École du Mystère*
6283.	Isabelle Sorente	*La faille*
6285.	Jules Michelet	*Jeanne d'Arc*
6286.	Collectif	*Les écrivains engagent le débat. De Mirabeau à Malraux, 12 discours d'hommes de lettres à l'Assemblée nationale*
6287.	Alexandre Dumas	*Le Capitaine Paul*
6288.	Khalil Gibran	*Le Prophète*
6289.	François Beaune	*La lune dans le puits*

6290.	Yves Bichet	*L'été contraire*
6291.	Milena Busquets	*Ça aussi, ça passera*
6292.	Pascale Dewambrechies	*L'effacement*
6293.	Philippe Djian	*Dispersez-vous, ralliez-vous !*
6294.	Louisiane C. Dor	*Les méduses ont-elles sommeil ?*
6295.	Pascale Gautier	*La clef sous la porte*
6296.	Laïa Jufresa	*Umami*
6297.	Héléna Marienské	*Les ennemis de la vie ordinaire*
6298.	Carole Martinez	*La Terre qui penche*
6299.	Ian McEwan	*L'intérêt de l'enfant*
6300.	Edith Wharton	*La France en automobile*
6301.	Élodie Bernard	*Le vol du paon mène à Lhassa*
6302.	Jules Michelet	*Journal*
6303.	Sénèque	*De la providence*
6304.	Jean-Jacques Rousseau	*Le chemin de la perfection vous est ouvert...*
6305.	Henry David Thoreau	*De la simplicité !*
6306.	Érasme	*Complainte de la paix*
6307.	Vincent Delecroix/ Philippe Forest	*Le deuil. Entre le chagrin et le néant*
6308.	Olivier Bourdeaut	*En attendant Bojangles*
6309.	Astrid Éliard	*Danser*
6310.	Romain Gary	*Le Vin des morts*
6311.	Ernest Hemingway	*Les aventures de Nick Adams*
6312.	Ernest Hemingway	*Un chat sous la pluie*
6313.	Vénus Khoury-Ghata	*La femme qui ne savait pas garder les hommes*
6314.	Camille Laurens	*Celle que vous croyez*
6315.	Agnès Mathieu-Daudé	*Un marin chilien*
6316.	Alice McDermott	*Somenone*
6317.	Marisha Pessl	*Intérieur nuit*
6318.	Mario Vargas Llosa	*Le héros discret*
6319.	Emmanuel Bove	*Bécon-les-Bruyères* suivi du *Retour de l'enfant*
6320.	Dashiell Hammett	*Tulip*
6321.	Stendhal	*L'abbesse de Castro*

6322. Marie-Catherine Hecquet — *Histoire d'une jeune fille sauvage trouvée dans les bois à l'âge de dix ans*
6323. Gustave Flaubert — *Le Dictionnaire des idées reçues*
6324. F. Scott Fitzgerald — *Le réconciliateur* suivi de *Gretchen au bois dormant*
6325. Madame de Staël — *Delphine*
6326. John Green — *Qui es-tu Alaska ?*
6327. Pierre Assouline — *Golem*
6328. Alessandro Baricco — *La Jeune Épouse*
6329. Amélie de Bourbon Parme — *Le secret de l'empereur*
6330. Dave Eggers — *Le Cercle*
6331. Tristan Garcia — *7. romans*
6332. Mambou Aimée Gnali — *L'or des femmes*
6333. Marie Nimier — *La plage*
6334. Pajtim Statovci — *Mon chat Yugoslavia*
6335. Antonio Tabucchi — *Nocturne indien*
6336. Antonio Tabucchi — *Pour Isabel*
6337. Iouri Tynianov — *La mort du Vazir-Moukhtar*
6338. Raphaël Confiant — *Madame St-Clair. Reine de Harlem*
6339. Fabrice Loi — *Pirates*
6340. Anthony Trollope — *Les Tours de Barchester*
6341. Christian Bobin — *L'homme-joie*
6342. Emmanuel Carrère — *Il est avantageux d'avoir où aller*
6343. Laurence Cossé — *La Grande Arche*
6344. Jean-Paul Didierlaurent — *Le reste de leur vie*
6345. Timothée de Fombelle — *Vango, II. Un prince sans royaume*
6346. Karl Ove Knausgaard — *Jeune homme, Mon combat III*
6347. Martin Winckler — *Abraham et fils*

*Composition Nord Compo
Impression Novoprint
le 2 avril 2018
Dépôt légal : avril 2018*

ISBN 978-2-07-278635-8/Imprimé en Espagne.

332702